Tomáš und Lída Míček

Griechenland

Tomáš und Lída Míček

Griechenland

Text von Wolfgang Josing

Bechtermünz Verlag

Den Menschen Griechenlands gewidmet

Inhalt

Von Hellas nach Griechenland und zurück

Vom Hellas der Antike bis nach Griechenland an der Schwelle zum dritten Jahrtausend ist es ein weiter Weg. Ewiges Griechenland! – so schallt es. Aber wir wissen ja, daß in der wirklichen Welt nichts von Ewigkeit ist. Und so ist es auch mit Griechenland gegangen, das in Tausenden von Jahren vielfältigen Wechselfällen der Geschichte unterworfen gewesen ist. Ewiges Griechenland! – in der Welt der Ideen, der Gedanken und Träume ist Ewigkeit wahr. Wahr ist also, im Schatten eines Ölbaums, im flirrenden Licht, umtost vom Sirren und Sägen der Zikaden, Pans trunkenes Gelächter zu hören und sein Flötenspiel. Und ewig ist der Ruhm, der Hellas zukommt, wo unser Weltkreis seinen Ursprung hat. So lange es Menschen gibt, werden griechische Namen genannt werden: Homer und Sappho, Sophokles, Hippokrates, Sokrates, Platon und Aristoteles, Perikles und Alexander und so viele mehr. Ihr Ruhm ist, was ewig bleibt, auch wenn alle Säulen griechischer Tempel schon im Schwefelstaub zerfallen sind.

Griechenland ist nicht mehr Hellas, aber Hellas ist im heutigen Griechenland aufgehoben. Der heutige Nationalstaat Griechenland, offiziell die »Griechische Republik«, folgt Hellas nach, auf gewundenen Wegen der Historie zwar, doch am selben Ort. Allerdings reichte das, was die Hellenen in der Antike unter Hellas verstanden, weit über die Grenzen des heutigen Landes hinaus: die kleinasiatischen Küstengebiete, in denen Griechen siedelten, gehörten dazu. Diese Landschaft und die ihr vorgelagerten Inseln – »Ionien« – wurde über die Zeiten geradezu zu einer Quintessenz von Hellas. »Ionisch« hat Konstantinos Kavafis, der große griechische Dichter aus Alexandria, vor einhundert Jahren ein Gedicht überschrieben, einen wehmütigen kleinen Hymnus auf das griechische Anatolien und seine versunkene Götterwelt: »Daß wir ihre Standbilder zerbrachen,/ daß wir sie aus ihren Tempeln trieben,/ hat den Tod der Götter wahrhaft nicht bedeutet./ Oh, Erde Ioniens, dich lieben sie noch,/ auf dich besinnen sich noch ihre Seelen./ Wenn über dir ein Morgen aufgeht des Augusts,/ streift ihrer Leben Tatendurst durch deinen Himmelsraum,/ und ein zartes jünglingsgleiches Wesen,/ schemenhaft, mit schnellem Schritt,/ streift zuweilen über deinen Hügeln hin.«

Hellas in Anatolien ist für Griechenland verloren, nachdem es für dreitausend Jahre gewonnen war. Um 1200 vor unserer Zeit haben die frühen Griechen den westlichen Rand Kleinasiens und die vorliegenden Inseln besiedelt, Jahrhunderte nach der Einwanderung, aus dem Balkan von Norden her, auf die Halbinsel in der Ägäis, die wir Griechenland nennen. Um 800 beginnt eine weitere Ausbreitung der Griechen, über die nun hellenischen Kernlande hinaus: ans Schwarze Meer, nach Sizilien und Unteritalien, an die Küsten des heutigen Frankreichs und der Iberischen Halbinsel. Im Mutterland drangen in derselben Zeit Athen und Sparta auf die ersten Ränge unter den zahlreichen kleinen Stammesstaaten, unter die Hellas aufgeteilt war – dieses Hellas war nie ein Einheitsstaat.

Endlich errangen Athen und Sparta, die beiden großen Gegenpole, im Machtspiel um Hellas des 5. und 4. Jahrhunderts v. Chr. wechselnd die Vorherrschaft in der griechischen Welt, die in den Kriegen gegen die Perser zeitweilig zu zerbrechlicher Einheit fand. Zusammengeführt, mit kriegerischer Gewalt, wurde das von ständigen inneren Kriegen geschwächte Hellas erst im Jahre 338 als Beute des Eroberers Philipp II., des Königs von Makedonien, geeint durch seinen Sohn Alexander im Widerstand gegen die Perser. Jenes Alexander, der die griechische Welt auf seinen Heerzügen nach Asien, bis an den Rand Indiens hin, zu einem riesenhaften Reich ausdehnte. In den Kämpfen der Nachfolger zerfiel das Reich. Hellas versuchte vergeblich, sich von der Herrschaft der makedonischen Diadochen zu befreien. Das gelang erst den Römern auf ihren Feldzügen nach Osten und mündete in eine neue, die römische Fremdherrschaft über Griechenland, dessen Freiheit mit der Schlacht von Leukopetra bei Korinth, 146 v. Chr., endgültig verloren war.

Politisch war Griechenland seither und für zweitausend Jahre ohne Bedeutung, ohne eigenes Gewicht. Wirtschaftlich aber erlebte es in den vierhundert Jahren nach der römischen Eroberung einen großen Aufschwung. Und es sei nicht vergessen, daß Hellas in römischen Zeiten in Verehrung seiner großen Geister und

Die Grabsteine erinnern an eine Zeit, bevor Griechenland Staat wurde, erinnern an das Überdauern in islamischen Jahrhunderten: Friedhof auf einem alten türkischen Landgut in Makedonien.

in Bewunderung seiner Bauwerke zum Pilgerziel römischer Bildungsreisender wurde – eine Vorwegnahme dessen, was viele Jahrhunderte später wieder geschah. Im 3. Jahrhundert nach der christlichen Wende (von der Griechenland zwar seit den Reisen des Apostels Paulus Nachricht hatte, jedoch nur langsam bewegt wurde, vom alten Götterglauben abzufallen) setzt der Niedergang des blühenden Hellas ein. Aus dem Norden eindringende Völkerschaften verwüsten immer wieder das Land, Roms schwindende Kraft vermag dem Zerfall keinen Einhalt mehr zu bieten.

Nach der Teilung der Herrschaft über Rom in ein Imperium des Ostens und eines des Westens im Jahr 395 gehört Hellas für die folgenden achthundert Jahre zum Oströmischen Kaiserreich von Byzanz. In Konstantinopel regiert der Kaiser, schon nicht mehr im engen Raum des alten Hellas, aber doch in einer griechischen Stadt, errichtet am Platz des über eintausend Jahre zuvor von griechischen Kolonisten aus Megara gegründeten Byzantion. Kaiser Konstantin hatte den Ort zur neuen Hauptstadt des Reiches, zum »Neuen Rom« gewählt und 330 geweiht. So wurde für Jahrhunderte das Zentrum der griechischen Welt von Hellas in den Osten verschoben, ganz Anatolien, die Länder des Nahen Ostens umfassend. Griechisch war die Verkehrssprache im Reich, Griechisch löste im 6. Jahrhundert endgültig Latein auch als Staatssprache ab; Bürger des griechischen Römischen Reiches war, wer immer aus den vielen Ethnien des Reiches griechisch sprach und sich zur Wahrheit des griechisch-orthodoxen Glaubens, der Staatsreligion, bekannte.

Das Reich war ein Griechenland im Osten, Hellas lag an dessen Rand, sank immer tiefer in die Bedeutungslosigkeit und war immer wieder Ziel von Raubzügen barbarischer Eroberer: dunkle Jahrhunderte. Weite Teile des Landes wurden zu Wüstungen, die Städte leerten sich. Als Konstantinopel im Jahr 1204 von den katholischen Kreuzrittern aus Frankreich und Deutschland im Verein mit den Herren der Republik Venedig erobert und schändlich geplündert wurde, als das griechische Reich von Byzanz am Boden lag, fiel Griechenland diversen Adelsherrschaften aus fernen europäischen Landen als Beute zu. Auf den Inseln und auf dem Festland errichteten sie eine Reihe Fürstentümer,

Delos, die karge Mitte der Kykladen, war einst kultisches Zentrum der hellenischen Welt. Seit über 2600 Jahren flankieren Löwen den Prozessionsweg auf der Götterinsel, Geburtsort von Apollon und Artemis.

Herzogtümer und Baronien. Viele Burgen und Festungen aus dieser Zeit, die irgendwie gar nicht nach Griechenland oder doch nicht in die Vorstellung von Griechenland passen wollen, zeugen von dieser Periode. Vertrauter, als gewohntes Versatzstück an vielen Küsten des Mittelmeers, wollen die Kastelle der Venezianer mit dem Wappen des Markus-Löwen scheinen, die die Beute Venedigs markieren: Kreta, Euböa und andere Orte.

Aber es waren die Venezianer, alles in allem milde Herren, die im griechischen Raum am längsten dem über Jahrhunderte vorgetragenen Angriff der Türken standhielten: erst 1669 fiel Kretas Hauptstadt Candia/Iraklion; doch Korfu mit der Kette der Ionischen Inseln in der Adria nahmen die Osmanen den Venezianern nie. Als Kreta türkisch wurde, war Konstantinopel schon über zweihundert Jahre gefallen, war das für kurze Dauer wiederaufgelebte Byzantinische Reich für immer untergegangen, war Hellas schon lange unter türkischer Herrschaft. Hellas war nun aufgegangen in einen despotischen orientalischen Staat, der wiederum in Konstantinopel – der griechischen Stadt – seine Hauptstadt nahm.

Hellas war auferlegt, wie allen anderen der vielen eroberten Länder im Osmanischen Reich auch, mit seinen Tributen zum Glanz des neuen Riesenreiches des Ostens beizutragen. Wo immer Ebenen, fruchtbares Land, in Griechenland waren, nahmen sie türkische Grundherren in Besitz; die Griechen in Griechenland wurden in die Entbehrung der abweisenden Gebirgsregionen zurückgedrängt. Was das innere Band des Griechentums in diesen bedrückenden Jahrhunderten zusammenhielt, war vor allem der Glaube. Die osmanische Herrschaft gab eine Handreichung dazu. Sie übertrug der geistlichen Führung einer Völkerschaft weltliche Autorität über sie. So war der griechisch-orthodoxe Patriarch von Konstantinopel in allen Zeiten »Ethnarch«, Volksführer, der Griechen unter dem türkischen Joch.

Und so wurde seinerzeit der Patriarch am Tor seiner Kirche in Konstantinopel auch gehenkt, als nach zahllosen kleineren Aufständen über die Jahrhunderte 1821 der griechische Befreiungskampf gegen die Türkenherrschaft begann. Ein Kampf, der – in Erinnerung an das ruhmreiche Hellas – ganz Europa für die Sache der

Griechen entflammte, ein Kampf, der rechtens mit dem alten Wort »heldenmütig« benannt werden kann. Doch wäre diese Revolution am Ende womöglich mißlungen, hätten nicht die drei europäischen Großmächte der Zeit – England, Frankreich und Rußland – zugunsten der Griechen in das Geschehen eingegriffen; hätten sie nicht 1827 in der, aus Zufall entbrannten, Seeschlacht von Navarino – bei dem heutigen Pylos vor der Peloponnes – die Invasionsflotte des Ibrahim Pascha versenkt und darauf nicht am Konferenztisch (aus wie auch immer eigennützigen Gründen) die Autonomie und schließlich die staatliche Eigenständigkeit Griechenlands durchgesetzt.

So wurde 1833 das »Königreich der Hellenen« ins Leben gerufen – durchaus ein Geburtsfehler des neuen Griechenlands; denn die griechischen Kämpfer waren nicht nur für nationale Freiheit aufgestanden, sondern auch für die Bürgerfreiheit der Republik. So wurde, dritte Wahl, von den Mächten nach einigen Mühen ein König für das Königreich bestimmt: Otto, der unmündige zweite Sohn des Bayernkönigs und begeisterten Verehrers der griechischen Antike, Ludwig I. Otto von Wittelsbach trifft 1833 als König in Nauplia ein, in der ersten Hauptstadt des neuen Staates. Er bringt seine Regierung aus Bayern mit, seine Baumeister und Beamten, seine kleine Armee. Fast vierzig Jahre dauerte die Königsherrschaft Ottos I., begleitet von Aufständen der Griechen in einem von Parteienhader zerrissenen, von Beginn an bankrotten Staat, als nur mäßig gezähmtes absolutistisches Regime. 1862 wird Otto von den Großmächten ins heimatlich bayerische Exil geschickt.

Auf den Wittelsbacher folgt mit Georg I. die dänisch-deutsche Dynastie der Glücksburger, die 1973 mit Konstantin II., von der Obristen-Diktatur verjagt und später nicht mehr heimgeholt, endet – und mit ihr die Monarchie in Griechenland. Mit Georg I. enthält Griechenland von den britischen Besetzern als Morgengabe auch die Ionischen Inseln zu eigen.

Das war der erste Schritt der Arrondierung Griechenlands zu seiner heutigen Gestalt. Denn in seinen Anfängen reichte das Staatsgebiet nicht über die griechische Festlandsmitte am Rand Thessaliens hinaus und umfaßte in der Inselwelt nur die Kykladen. Erst 1880 kam ganz Thessalien hinzu, wie auch der Epiros. 1913, nach zwei Balkankriegen, wurden Griechenland Makedonien, Thrakien und Kreta aus dem zerbrechenden Osmanenreich zugeschlagen. Und die Inseln der Dodekanes wurden erst 1948 griechisch. Noch größere Hoffnungen Griechenlands aber zerstoben: das Ziel, alle Griechen im Raum des alten Hellas unter der Fahne des neuen Griechenlands zu vereinigen. Der Krieg mit der Türkei um die griechisch besiedelten Regionen auf der kleinasiatischen Halbinsel endete in einer völligen Niederlage.

Derweil schwärte im Inneren während der ersten Jahrzehnte des Jahrhunderts ein dauernder Konflikt zwischen Gegnern und Befürwortern des Königtums, der nach einer kurzfristigen Republik 1936 in einen royalistischen Putsch und in eine faschistische Diktatur führte. Den Angriff des faschistischen Italien im Jahr 1940 schlägt Griechenland zurück, dem Angriff Nazi-Deutschlands im Frühjahr darauf erliegt es binnen weniger Tage. Nach dem Schrecken der Besatzung mit Hunderttausenden Hungertoter, ungezählten Mordaktionen und der Vernichtung der griechischen Juden, steht das Land bis 1949 unter der Last des Bürgerkriegs gegen die Kommunisten. Und als sich, nach Jahren der Herrschaft autoritärer Regimes, ein demokratischer Wandel abzeichnet, putschen 1967 faschistische Militärs und übernehmen für sieben Jahre den Staat.

Seit dem Ende der Obristen-Diktatur geht Griechenland einen hoffnungsvollen Gang – aber die Geschichte macht manchmal merkwürdige Bocksprünge, wie wir wissen. Nichts ist in der wirklichen Welt von Dauer, und das ewige Griechenland, die Heimstatt des Wahren, Schönen und Guten, ist nur eine Idee, ein Gedanke und ein Traum.

»Rechts von den Propyläen befindet sich der Tempel der Nike Apteros. Von hier ist das Meer sichtbar…«, schreibt Pausanias im 2. Jahrhundert in dem Bericht von seinem Besuch auf der Akropolis von Athen. Unter türkischen Bastionen lag der Tempel der geflügelten Siegesgöttin verborgen, bis ihn Architekten der bayerischen Monarchie in Griechenland 1835 wieder freilegten.

Nemea in der peloponnesischen Landschaft Argolis,
wo in Resten die Säulen eines dorischen Tempels zu Ehren des Zeus
aufstehen, ist wie Olympia ein Ort kultischer
Wettspiele gewesen: der Nemeischen Spiele. Nemea ist auch mit
dem Namen des Herakles verbunden,
der in einer ersten seiner sagenhaften Heldentaten hier
den nemeischen Löwen erlegte.

So reich an Überresten, Schätzen seiner antiken Vergangenheit ist Griechenland, daß viele Stücke zertrümmerter Erinnerung wie achtlos am Wegrand liegen, zu schweigen von unentdeckten, ungehobenen Denkmälern. Kapitell mit Löwenkopf im Grabungsfeld von Korinth.

Unter dem Felssturz der Phädriaden und hoch über dem
Pleistostal gelegen, war der Apollon-Tempel im heiligen Bezirk von
Delphi der Nabel – »omphalos« in griechischer Sprache –
der hellenischen Welt. Über Jahrhunderte haben die Weissprüche
der Priesterin des delphischen Orakels
den Menschen der Alten Welt Wege und Irrwege gewiesen.

Nachdem Olympia lange unter dem Schlamm
des Flusses Alpheios lag, wachsen wieder Bäume zwischen den
Ruinen in der Altis: im Heiligen Hain. Nach fast
zwölfhundert Jahren Dauer erloschen die Olympischen Spiele
des Altertums erst 393 n. Chr., als
Kaiser Theodosios den Kult als ein Relikt heidnischer Zeit aufhob.

Gestürzt sind die meisten Säulen vom Tempel
des Olympischen Zeus, dessen Reste in einiger Entfernung
von der Akropolis auf freiem Feld inmitten
des Häusermeers der modernen Millionenstadt Athen zu finden
sind. Dies Monument der Erinnerung an die
römische Vergangenheit Athens und Griechenlands, an dem
bis zur Vollendung im 2. Jahrhundert unter
Kaiser Hadrian sieben Jahrhunderte gebaut hatten, steht
gering beachtet im Schatten des Parthenons.

Die natürliche Neigung eines Hügelhangs
nahmen die Baumeister von Epidauros auf, als sie
im Heiligtum des Asklepios zu Beginn
des 3. Jahrhunderts v. Chr. ein Theater bauten. Vierzehntausend
Zuschauer fanden auf den Rängen der als Bühnenraum
inszenierten Landschaft Platz, wo heute wieder während sommerlicher Festspiele die Tragödien von
Aischylos, Sophokles und Euripides aufgeführt werden.

Das Heiligtum des Meergottes Poseidon beherrscht am Südkap der Halbinsel Attika die Ägäis. An seinem ausgesetzten Ort verbindet der Tempel wie kein anderer die zwei griechischen Gegenpole Land und Meer: Kultplatz im Altertum, neuerlich wieder Pilgerziel des Tourismus, seitdem Britanniens romantischer Dichter Lord Byron seinen Namen dort in eine Säule ritzte.

Ölbäume, Olivenhaine sind prägendes Symbol
in griechischer Landschaft. Der Ölbaum
ist das nachdrücklichste Zeichen von Dauer auf dem Weg durch die
Jahrtausende, auf dem Weg von Hellas nach
Griechenland. Der Ölbaum besteht, wenn Menschenwerke
untergehen – wie Sparta unterging, von dem
nicht mehr als ein paar gestürzte Steine zwischen Ölbäumen
übrigblieben.

»Wanderer kommst du nach Sparta, verkündige dorten,/ du habest uns hier liegen gesehen, wie das Gesetz es befahl«, so geht – in Schillers Worten – der Doppelvers des Simonides von Keos zu Ehren der kleinen Schar unter dem Spartaner Leonidas, die 480 v. Chr. den Thermopylen-Paß gegen die Perser verteidigte und unterging, nach Verrat. Das Kriegerdenkmal für die Vorfahren, am Rand der Nationalstraße Nr. 1, entstammt neugriechischem Gedenken.

Inseln ohne Zahl, endlose Gebirge

Seit Jahrtausenden wird die Hafenbucht von Lindos auf Rhodos bewohnt. Der Burgberg über dem Dorf zeichnet mit dem Athene-Tempel, mit dem Kastell der Johanniter und Türken den Gang der Geschichte nach.

Üblicherweise denkt, wer von Griechenland spricht, an Inseln, an Küsten – ans Meer. Das ist so falsch ja nicht. Schließlich streckt sich Europas Landende im Südosten gänzlich ins blaue Wasser, ist eine Halbinsel, deren Absprengungen hundert-, tausendfach Europa mit seinen benachbarten Kontinenten verbinden, mit Asien, mit Afrika. Es gibt, wahrhaftig, auf dieser Welt nicht viele Regionen größerer, vielfältigerer Schönheit als den griechischen Archipel, als diese interkontinentalen Inseln des Lichts.

Aber der Blick auf die Inseln im Ägäischen und Ionischen Meer streift recht eigentlich nur den Rand eines viel weiteren Panoramas. Griechenland ist ein Land mit Inseln, ja; aber Griechenland ist nicht Inselland, Griechenland ist Gebirgsland. Griechenland ist ein einziges Gebirge. Und obwohl kaum ein Punkt der griechischen Festlands-Geographie mehr als höchstens einige -zig Kilometer Luftlinie vom nächsten Küstenstreifen entfernt liegt, verliert sich doch nach allfälligen Anstiegen von Felsenstränden in die Höhe überall sehr bald der Ruch der See. Und schnell steckt man mitten im Gemecker der Ziegenherden, im Rauschen von Tannenwäldern, im Holzfeuerrauch gebirglerischer Weiler und zur rechten Zeit gar in Eis und Schnee.

Das ist nicht nur im Zentrum des festländischen Griechenlands so, in den wild aufstehenden Gipfelketten des Pindos-Gebirges, das weite Teile der Regionen Epiros, Makedonien und Zentral-Griechenland zur fast unwegsamen Landschaft macht, in der noch Wölfe umherstreifen. Das ist an manchen Rändern des Festlands nicht anders, die unmittelbar ans Meer grenzen und allenthalben Blicke öffnen ins Meer: im solitären Massiv des Olymps, der fast dreitausend Meter über das Küstenschwemmland am Thermaïschen Golf ragt; oder im Pilion-Gebirge, wenig weiter im Süden – auf halbem Wege zwischen der nordgriechischen Metropole Thessaloniki und der Hauptstadt Athen –, das sich als Festlandssporn, von zwei Seiten meerumschlungen, in die Ägäis spreizt: schneebekuppelt für einige Wintermonate; nicht anders der schroffe Gebirgszug des Taýgetos, mittlere und südlichste Ausfingerung der Peloponnes und damit südlichster Punkt des festländischen Europas überhaupt.

Doch mehr noch: auch das inselländische Griechenland ist ein Gebirge. Nur eine Handvoll der Inseln dümpelt breitflächig im Meer, wie Schildkrötenrücken anzusehen: Delos zum Beispiel, die heilige Insel. Die meisten der Eilande aber stehen als Gipfel versunkener Berge über der See – manche Vulkankegel sind dabei: wie Nísyros in der Dodekanes, wie das zerbrochene Santorin – oder sie sind ganze Gipfelmassive.

Eine Erinnerung: Einmal, an einem Wintermorgen, standen wir auf dem tief verschneiten Hochplateau des Berges Vassilítsa im makedonischen Pindos-Gebirge, in zweitausend Meter Höhe. Wir standen in Sonne und Himmelblau über einer dichten Decke wattiger Wolken, die über Hunderte Kilometer das unsichtbare Land, das unsichtbare Meer bedeckte. Doch aus den Wolken ragten, schon weit entfernt, die Spitzen von Olymp, Pilion, Ossa und Othrys. Ein atemberaubender Moment war dies; es war, von diesem Berg inmitten des nördlichen Festlands, ein und derselbe Ausblick und Anblick wie bei einer Schiffahrt über das blaue griechische Meer, wenn sich eines ums andere die Inselgebirge in die Horizonte stellen. Wie Naxos oder Ikaria, wie Samos oder Andros schwammen Olymp und Pilion, Ossa und Othrys über einem weißen griechischen Meer. Keine Sinnestäuschung.

Es ist schon so: Die griechische Landschaft, zu Wasser und zu Lande, ist ein geschlossenes, ein einheitliches Ganzes. Aber das heißt nicht, alles sei eins. Die Gebirgigkeit des Landes stellt einen Rahmen, mehr nicht. Darin entfaltet sich Verschiedenheit. Darin wechseln Klimazonen, Vegetation und Tierwelt. Wenn balkanische Wetter schon meterhoch Schnee über die Paßstraße zwischen Igoumenítsa am Ausgang der Adria und der Landstadt Tríkkala in Thessalien türmen, bestreichen noch heiße Winde aus der libyschen Wüste die südlichen Küsten von Kreta. Wenn in epirotischen Bergschluchten Bären noch im Winterschlaf liegen, stapft der Pelikan auf der Hafenpromenade von Mykonos schon durch Frühlingslüfte. Und während Kastanienwälder mit uralten Bäumen und junge Apfelpflanzungen die Hänge des Pilion-Gebirges grün überziehen, glüht auf der kleinen Insel Psará unter der Küste der anatolischen Halbinsel grauer Stein, nichts als Stein, in gleißendem Sonnenlicht.

Es ist ein Abenteuer, manchmal ein faszinierendes Abenteuer, die griechische Landschaft in ihrer Verschiedenheit zu entdecken, zumal abseits der Strände. Weitest entfernt, beispielsweise, von allen griechischen Stränden liegen die Prespa-Seen, der große und der kleine, in der äußersten Nordwestecke Griechenlands, durchschnitten von den Grenzen zu Albanien und Slawisch-Makedonien. Das ist eine Reise in die äußerste Unwegsamkeit des Hochgebirges, an elenden Lehmhütten-Dörfern vorüber. Dann endet die Piste in einem Weiler am Seeufer. Geteerte Holzkähne fahren durchs Uferschilf zu ihren Fischzügen aus, Kormorane fliegen auf. Nächte ungeahnter Stille.

Vielerorts herrscht Stille, Einsamkeit, im Norden und noch in der gebirgigen Mitte Griechenlands. Mancherorts ist die griechische Landschaft dort noch wie seit Jahrhunderten und Jahrtausenden unberührt, oder doch: der Eingriff des Menschen in die Landschaft ist in einer Zeit oder wenigstens nach der Art einer Zeit erfolgt, als das Machbare nur das von Hand Machbare war. Beispielsweise: die Vikos-Schlucht im epirotischen Gebirge. Das ist ein Schnitt auf tiefem Grund, in den das Bett des Flusses Voïdomátis gekerbt ist, unter senkrechten Felswänden, in deren Höhen in Stein verwachsene Dörfer nisten. Ein Tal der Wanderlust auf schwierigen Steigen.

Und Urwälder finden sich noch in der griechischen Landschaft, auch sie im Norden, im Rhodopen-Gebirge, das über den Tabakfeldern Thrakiens zur Grenze mit Bulgarien aufsteigt. Und weiter östlich, nah der Grenze zur Türkei, findet sich ein Stück einer ganz anderen Ur-Landschaft: der Auenwald am breiten Bett des Flusses Nestos, der mit seinem Mündungsdelta in die Ägäis vordrängt. Unfern wiederum stoßen die drei Finger der Chalkidike-Halbinsel ins Meer, deren einer willentlich seit tausend Jahren einer allumgreifenden Ausbeutung entzogen ist: die Mönchsrepublik des Heiligen Berges Athos. Und ganz und gar zuallererst ein Naturphänomen in griechischer Landschaft ist die andere hochberühmte Klostersiedlung Griechenlands,

die der Metéora-Felsen: schrundig ausgewaschene Felstürme aus verbackenem Geschiebegestein.
Da sind wir dann schon in Thessalien, in seiner großen Ebene, die uns öde erscheinen will, und die doch – eingesprengt in das Gebirge Griechenland – das Überleben sichern hilft, mit Getreide, mit Baumwolle, als Viehweide. Wie andere Einsprengsel der Art auch: überraschend immer wieder in einer Landschaft, wo Bergwände überall die Weitsicht, die Weltsicht, begrenzen. Wie die Argolische Ebene auf der Peloponnes mit ihren Obstplantagen. Wie die Messará-Ebene auf Kreta: ein Meer grünsilbrig glitzernder Olivenbäume. Die attische Ebene wollen wir nicht vergessen, ein Häusermeer. Athen.

Je weiter wir von Thessalien südwärts gelangen, desto näher rücken dann die Küsten, die Inseln. Von der Ostküste der Pilion-Halbinsel scheint Skiáthos zum Greifen nah. Und der Berg, der wenig ferner aus der Ägäis lugt, ist Skópelos. Verschleiert im Dunst: Euböa, Skyros schon unsichtbar, der merkwürdige Ort. Zur einen Hälfte ist die Insel mit Pinien bestanden, zur anderen karg und fast weglos; dort, in der Insel-Einsamkeit, verbergen sich kleine Herden von Wildpferden.
Auf der anderen, der westgewandten Seite des Festlands, liegt die Kette der Ionischen Inseln vor der Küste, mit Korfu beginnend, Bilder gestalteter Landschaften aufbietend, die Italien zitieren; Landschaften toskanischen Wohlgefallens. Dort, wo die ionische Insel Lefkás – wie ein Schiff mit marmornen Steven richtet sie sich seewärts in den Wind – an eine Landbrücke gekettet ist, schnürt der Ambrakische Golf mit grünen schlierigen Wassern den plumpen Festlandsleib Griechenland tief ein. Und der löst sich schließlich in Schlämmen auf, färbt in der Lagune von Missolonghi das Meer schwefelgelb.
Missolonghi gegenüber: die Peloponnes – die Landschaft, die alle griechischen Landschaften abbildet. Die Peloponnes schließt alle Verschiedenheiten in sich ein. Die große Halbinsel, eine künstliche Insel mit dem Einschnitt des Kanals von Korinth, ist Hochgebirge und Hügelland, besitzt fruchtbare Küstenebenen und staubige Steppen, suggeriert längs ihrer Küsten steinige Inselrücken von nacktem Fels, glänzt mit weiten Sandstränden hinter Pinienhainen und birgt in ihrem Meeressaum ungezählte verschwiegene Buchten. Die Peloponnes ist das Bindeglied griechischer Landschaft, Bindeglied zwischen Gebirgsland und Inseln.
Müßig, einer Insel die Krone geben zu wollen: Wer ist die Schönste im ganzen Meer? Jede Insel besitzt Individualität. Jede Insel ist auf ihre Weise schön, selbst ein Steinhaufen im Meer ist schön, wenn über ihm rot und violett das Abendrot verbrennt. Jede Insel ist schön, weil sie eine Insel ist. So lautet der banale, aber wahre Schluß. Und wie sollte im übrigen der Vergleich bestehen zwischen einem Steinhaufen – so ist Mykonos nichts als ein Steinhaufen – und einem kleinen Kontinent wie Kreta? Und damit ist zwar eine extremste, aber eben doch nur eine von einer Hochzahl der Un-Möglichkeiten des Vergleichs zwischen den über einhundertsechzig ständig bewohnten Inseln Griechenlands benannt – von den übrigen paar tausend abzusehen.
Rostrote Erzberge auf Serifos; dieses eine und einzige grellgrüne Band entlang eines Bachbetts in der Felswüste von Kálymnos; die zerlappte und zerrissene Küste von Patmos aus der Vogelschau des Klosterbergs; das von Nord gegen Ikarías steinerne Flanke anbrandende Meer; der mild geschwungene Sandstrand der lindischen Bucht auf Rhodos; zertrümmerte Berge auf Andros; die welligen Ölbaumhügel ohne Ende auf Lesbos; die Frühlingswiesen von Samos und die Sturzbäche des Herbstregens über dem Burgberg von Naxos, stickige Sommerglut in den Olivenhainen von Ithaka und jener Schneesturm, seit Menschengedenken ungesehen, auf den Hochweiden von Paros – Momentaufnahmen aus griechischer Landschaft im Meer, verschmolzen wie zu einem einzigen Bild. Wechselnde Schauplätze, und jeder hält alle Möglichkeiten bereit: das Naheliegende und das gänzlich Unerwartete. Um alle Schauplätze im Archipel wahrhaft erkunden, wirklich kennen zu wollen – alle Kykladen, Sporaden, die Dodekanes und mehr –, reichte wahrscheinlich ein Leben nicht aus.
Seien wir also bescheiden; Stellvertretungen reichen hin. Nehmen wir Kreta als Beispiel für das Griechen-

Im Sommer werden die großen Herden zu Weideplätzen im Gebirge getrieben, weit entfernt von jeder Siedlung – zum Beispiel in die Entlegenheit des Olymp-Massivs. Und die Hirten schlagen am Bachbett ihr Nachtlager auf.

land im Meer. Denn das große Kreta, die größte Insel Griechenlands, greift wieder alle Möglichkeiten der Inselwelt zusammen und ist gleichzeitig, insgesamt, etwas ganz anderes, ein Eigenes. Worin wir eintauchen, bevor wir noch angelangt sind – angekommen übers Meer: man sollte sich doch, so wie es immer war, den Inseln über das sie umgebende Wasser nähern, nicht im Flugzeug. Dann steigt langsam, als Verheißung, das Ziel aus dem Dunst. Berge erheben sich, plastisch formt sich schwimmendes Land. Und irgendwann taucht der Schiffsbug in die duftende Aura der Insel ein, in ihren Wohlgeruch: wilde Kräuter, Zitrusschwaden, heiße Erde.

Und schließlich ist alles nah, steckt unter den Füßen: unbekanntes Land. Später wird man wissen, auf Kreta zum Beispiel, daß in den Flanken des Ida-Berges Schwärme von Lämmergeiern kreisen, und wie kühl dort oben die Sommerluft ist, auf der Ebene unter dem Gipfel, auf dem Grund eines ausgetrockneten Sees. Man wird hinabgestiegen sein von den Weißen Bergen, auf Pfaden und durch Schluchten hinab zum Südmeer, das die Insel nur wenig von Afrikas großer Wüste trennt. Da sind Wege durchs Weinland, durch von Weinlaub schuppig überzogene Hügel. Möwengeschrei am Küstengebirge, Palmstrand, Quellteiche unter Klostermauern. Und dort naht die eine, die glücklichste Stunde des Tages jeden Tag, wenn die Helle, die Hitze, der brennende Wind vergehen in eine sanfte Dunkelheit.

Das ist der schönste Moment in griechischer Landschaft, überall. Der Übergang vom Tag zur Nacht öffnet die Tür zu einem griechischen Geheimnis. Er löst und vereint die Gegensätze und feiert, jeden Sommertag, ein kleines Fest der Versöhnung.

Skala Sikaminéas auf der Insel Lesbos: einer von Abertausenden
Ankerplätzen an den Küsten des griechischen Meeres.
Das Bild des Fischers und Seefahrers steht für das Idealbild vom
griechischen Leben schlechthin. Aber die Fischerei ist
heute eine weitgehend randständige Unternehmung, und die Insel
Lesbos ist Bauernland, mit Millionen Ölbäumen bestanden.

Die Insel Kálymnos in der Dodekanes ist für ihre Schwammfischerei berühmt. Das auf weiten Seereisen, bei gefährlichen Tauchgängen gewonnene Naturprodukt konkurriert aussichtslos gegen den synthetischen Abklatsch.

Vor der Halbinsel Kanóni auf Korfu breitet sich eines der großen Panoramen heiterer Harmonie, die die griechische Landschaft aufbieten kann. Der Anblick ist schlechthin eins geworden mit manchen Träumen von Griechenland: Hügel, Meer und Inseln. Die Insel Vlachérna, mit einem Kloster darauf, und die Mäuseinsel – »Pondikoníssi« –, von der die Sage geht, sie sei das versteinerte Schiff der Phäaken, das Odysseus nach seinen Irrfahrten endlich zurück in die Heimat Ithaka gebracht hatte.

Auf der ionischen Insel Zákynthos; Heimkehr von der Weide.
Zante wurde die Insel von ihren venezianischen Herren genannt
und »Blume der Levante«: immer noch ist die Insel
ein fruchtbarer Garten, lebt von der Landwirtschaft und vom Touris-
mus gleichwohl. Und als Heimat von Dionysios Solomós,
des ersten großen Lyrikers Neu-Griechenlands, steht Zákynthos für
einen geistigen Neubeginn der ganzen Nation.

Die Bauern aus einem Dorf nahe der makedonischen Kleinstadt Sérres leben in einer der Regionen, die noch in diesem Jahrhundert am härtesten umkämpft waren, bevor sie zu Griechenland wurden. Erst 1913, nachdem in erbitterten Schlachten gegen die Bulgaren Stadt und Umland von Sérres verwüstet wurden, fiel Makedonien dem griechischen Staatsgebiet zu.

Das ist das Südkap Festland-Europas, Landende der Peloponnes in der Ausfingerung ihrer Halbinsel Mani. Hinter Bucht und Weiler von Porto Kágio führen letzte Wege durch Ödland bis zum Kap Tänaron, wo die Alten einen der Eingänge zum Hades, zur Totenwelt, vermuten.

Von dem südwestlichst vorstoßenden Ausläufer Kleinasiens, vor der heute Datça genannten Halbinsel der Türkei, ruht die Vulkaninsel Nísyros im Meer. Ein ferner Ort, dessen wenige hundert ständige Bewohner Fischfang und Landwirtschaft kaum ernähren und dort halten könnten, wüchse nicht langsam der Fremdenverkehr auf seiner – vergeblichen – Suche nach letzten Einsamkeiten.

Bis in 554 Meter Höhe stehen die Metéora-Felsen
über dem Flußtal des thessalischen Peneios.
Ab dem 9. Jahrhundert siedelten Eremiten im Fels, die dem
byzantinisch-mönchischen Ideal gänzlicher Welt-
entrückung nachstrebten. Seit dem 14. Jahrhundert wurden Klöster
auf die Felsspitzen gesetzt: vierundzwanzig
waren es einst, von denen heute noch sechs bewohnt werden.

An den Fuß der Metéora-Felsen drängt sich das Dorf Kastráki.
Einige wenige Häuser unmittelbar unter dem steilen
Bergfall zeigen noch das Gesicht vergangener Jahrhunderte:
Häuser im osmanischen Balkanstil.

Immer noch sind die Kreter zäh und stolz den besonderen Traditionen der Insel verhaftet. Und nicht nur die Alten, wie der Großvater aus Anoúpolis. Das Dorf liegt in der Sfakiá genannten Inselregion über der südwestlichen Küste, deren Bewohner für ihren Freiheitswillen gerühmt werden.

Die schroffen Formen der Metéora-Felsen
sind über lange Zeiträume der Erdgeschichte vom Wasser
aus der thessalischen Konglomerat-Tafel, aus Schichtungen
verschiedenartiger Gesteine, herausgekerbt worden.

Nur wenige Schritte oft von den Stränden entfernt ist das ländliche
Griechenland nach wie vor und allerorten der Ruhe
von Jahrhunderten überlassen, ruht in Vergessenheit. Auf der
Insel Samos.

Auf Méthana, Peloponnes. Nur durch eine schmale Festlandsbrücke verbunden, hängt Méthana an der Landschaft Argolis. Alte Formen bäuerlicher Wirtschaft werden hier besonders schnell verdrängt: Méthana ist über den Saronischen Golf nur wenig von Athen entfernt, gehört zu den über kurzen Weg erreichbaren Wochenend- und Ferienzielen der Millionen Hauptstädter.

Ein Grieche – was ist das?

Die Frage, was ein Grieche sei, ist letztlich eine Frage von gleichem philosophischen Schwergewicht wie die Kantische Grundfrage: Was ist der Mensch? Und an diesem harten Brot wollen wir uns hier nicht die Zähne ausbeißen. Aber so niedrig können wir die Antwort auf eine knifflige Frage auch nicht hängen, daß der Bescheid schon genügte, ein Grieche sei nicht mehr als ein Mensch von griechischen Eltern (oder wenigstens einem Teil davon), von griechischer Muttersprache wenn möglich, griechisch-orthodoxen Christenglaubens in jedem Fall, hauptsächlich versehen mit einem griechischen Paß. Derlei bürokratischer Bescheid könnte unter anderen Vorzeichen für alle möglichen Nationalitäten genügen. In unserem Fall reicht das nicht.

Denn für einen Neu-Griechen – und an seine Selbstbefragung wollen wir uns halten – besitzt die Frage nach seinem Griechisch-Sein eine zusätzliche, geradezu alles entscheidende Tiefendimension. Das ist die Frage nach der historischen und anthropologischen Kontinuität seines Griechentums, besser gesagt: seines Hellenentums.

Schlicht ausgedrückt: es ist die Frage nach seiner direkten Abstammung von den »alten Griechen«, von Perikles, Sokrates, Platon und Homer. Um es vorwegzunehmen: der durchschnittliche Grieche von heute beantwortet die Frage jedenfalls eindeutig. Er ist sich dieser Abstammung gewiß. Und diese Gewißheit ist Kernpunkt eines in einhundertsechzig Jahren griechischen Staatswesens mühselig erworbenen und von nicht wenigen Anfechtungen bedrohten Bewußtseins nationaler Identität der Griechen.

Griechentum – das allein ist schon ein zu prüfendes Wort. Wenn wir es in griechische Sprache übersetzen, stoßen wir da auf einen merkwürdigen Begriff, der »romiossíni« lautet. Darin steckt das Wort »Rom«. Dieser neugriechische Begriff nennt das Neu-Griechentum »Romäertum«. Und als »Romiós«, als »Romäer« bezeichnet sich der Grieche gern in volkstümlicher Rede statt als Hellene, als »éllinas«, neugriechisch gesagt. Und wenn man auf griechisch etwas in deutlichen Worten sagt, sagt man's »roméïka«, auf »romäisch« und nicht auf hellenisch.

Die Verwirrung scheint komplett. Und so ganz trügt der Schein nicht. Der Rückgriff auf Rom in der Sprache (und folglich im Bewußtsein) ist ein Rückgriff auf Byzanz, auf das »Romäische Kaiserreich«, wie das griechische Ost-Rom genannt wurde. Hier sei auch daran erinnert, daß unter den vielen Völkerschaften des römisch-byzantinischen Reiches das Wort »Hellene« über Jahrhunderte nicht mehr als den vorchristlichen »Heiden« bezeichnete oder den Begriff abgab für jene mythischen »Riesen«, die die mächtigen Quadern und Säulentrommeln der über die Lande verstreuten Tempel aufgeschichtet hätten.

Jedenfalls ist gewiß, daß die nationalen Traditionen Neu-Griechenlands Byzanz entstammen (darin antike Vergangenheit eingegangen ist), daß die Wurzeln des heutigen Griechentums im byzantinischen Jahrtausend stecken. Schließlich steht klar vor Augen, und wird schwärmend dennoch gern übersehen, daß vierhundert Jahre Türkenherrschaft Griechenland nicht vom klassischen Hellas, nicht vom 5. Jahrhundert vor Christus trennen, sondern vom Mittelalter, vom Fall Konstantinopels im Jahre 1453.

Es war nicht zuletzt das zweifelhafte Verdienst der europäischen Philhellenen, daß die über zweitausend Jahre zwischen Aristoteles und den Anfängen griechischer Erhebung gegen das türkische Joch vor fast zweihundert Jahren beinahe gänzlich aus dem Blickfeld gerieten.

Denn diese Freunde Griechenlands in Europa, die den griechischen Freiheitskampf mit flammenden Reden und feurigen Gesängen, mit Spendengeldern und als Krieger unterstützten, wollten das heidnische Athen der Antike frei sehen und nicht Konstantinopel, die geknebelte Stadt der Christenheit. Die Griechen machten sich diese von Fremden hereingetragene Ideologie schnell zu eigen, übernahmen das verzerrte Bild als Selbstporträt, schlüpften in ihrem jungen Staat – immer auch auf der Flucht vor der Misere der neuen Zeiten – in die schützende Hülle der hehren Identität eines fernen Äons. Sie gaben ihren Kindern zuvor un-

Nicht Abbild, sondern Ebenbild ist die Ikone
im orthodoxen Verständnis. Das ermöglicht Zwiesprache: der
Angebetete schaut aus dem Bild den Gläubigen an.
Christus-Ikone des 14. Jahrhunderts aus Thessaloniki.

bekannte Namen (Sokrates und Perikles, Antigone und Iphigenie), aus Romäern wurden offiziell Hellenen (wie wenn sich die Deutschen in Germanen umbenennen würden), Staatssprache, und dies noch andauernd bis zum Jahr 1974, wurde nicht die über Tausende Jahre entwickelte Volkssprache, sondern eine an das attische Griechisch der vorchristlichen Zeit angelehnte »Reinsprache« (so als würden die Italiener zum Latein zurückkehren wollen).

Es hätte heute nur noch anekdotischen Wert, daß vor einhundertfünfzig Jahren eine schrille Stimme aus dem Ausland zur endgültigen Rückkehr der Griechen ins Hellenentum einen entscheidenden Anstoß gegeben hat, säße in Griechenland nicht noch heute der Stachel erlittener Beleidigung tief. Denn da hatte sich Jakob Philipp Fallmerayer, Historiker und Reiseschriftsteller, im Vorwort seiner 1830 bis 1836 erschienenen »Geschichte der Halbinsel Morea im Mittelalter« erdreistet, schroff zu behaupten, kein Tropfen unvermischten Bluts der alten Hellenen fließe in den Adern der jungen Griechen. Ein Aufschrei war die Folge, ein Zusammenstehen der Nation: Zurück in die Vergangenheit. Seither sind sämtliche Wissenschaftszweige herbeigezogen worden, das Gegenteil zu beweisen. Noch Johannes Gaitanides berichtet in seinem Buch »Griechenland ohne Säulen« mit angestrengtem Ernst von Blutentnahmen, vor erst einigen Jahrzehnten, bei sage und schreibe achtzehntausend Griechen. Dabei wurden zwar keine griechischen Inschriften auf Blutkörperchen entdeckt, aber es sei die kollektive Andersartigkeit, nach Blutgruppen, zu bulgarischem und türkischem Blut nachgewiesen worden.

Seltsame Blüten – und ein müßiger Streit. Offen liegt doch, daß über die vielen Jahrhunderte so manche Völkerschaften die griechische Halbinsel durchzogen haben. Seit dem Mittelalter sind slawische Stämme aus dem Balkan hinabgestiegen, Albaner in Scharen sind häufig eingedrungen (Attika war albanisch besiedelt, als Griechenland Staat wurde), Walachen von jenseits der Donau haben das Land durchstreift und leben heute zu Hunderttausenden als gute Griechen im Land. Die Inseln wurden heimgesucht und besessen von Sarazenen und Normannen, von Italienern aus den mächtigen Stadtstaaten, die dort siedelten. Von den Türken nicht zu reden, von den Römern einst und vom französischen Adel und seinen Territorien auf hellenischem Grund in Zwischenzeiten.

Eine bunte Mischung Mensch ist das, die das heutige Griechenland belebt. Und reicht es denn nicht zu berechtigtem Stolz hin, über Jahrtausende die Kraft bewiesen zu haben, so viele Menschen in die griechische Sprache zu integrieren, in die griechische Kirche, die diese Sprache tradiert hat, und schließlich in die neue griechische Nation?
Da kommt ja in jüngerer Zeit noch einiges hinzu an erwiesener Kraft zur Integration, an Ereignissen, die das heutige Griechisch-Sein bestimmen. Fast in Vergessenheit ist außerhalb Griechenlands geraten, daß nach der Niederlage im Krieg gegen die Türkei 1922 rund eineinhalb Millionen Griechen ihre Heimat in Anatolien verlassen mußten und ins Mutterland umgesiedelt wurden. Das bedeutete seinerzeit einen Zuwachs zur Landesbevölkerung um gut ein Drittel. Das prägt das Bewußtsein des einzelnen, der vielen einzelnen, und damit das kollektive Bewußtsein der Nation. Die zahllosen Ortschaften in Griechenland mit dem vorgesetzten »Nea«, was bedeutet »Neu«, vor ihren Namen – Nea Smirni/Neu-Smyrna, Nea Alikarnassos/Neu-Halikarnass –, diese Flüchtlingssiedlungen sind Mahnmale an Flucht und Vertreibung, Erinnerung an verlorene Heimat.
Heimatlosigkeit ist ein Begriff, der im Versuch der Beschreibung des Griechisch-Seins hilfreich sein könnte. Von der besonderen griechischen Spielart ideeller Heimatlosigkeit war schon die Rede: vom Schwebezustand zwischen der realen Verhaftung an die beschwerliche Randexistenz einer kleinen, armen Nation und der ideologischen Verhaftung an den verblichenen Glanz des geistesmächtigen europäischen Ursprungsvolkes. Dem gesellt sich eine vielfach verkreuzte materielle Heimatlosigkeit der Griechen hinzu.
Der Anteil von Flüchtlingen aus Asien im Land, und ihrer Nachkommen, ist dabei nur ein Gewicht. Größer ist mittlerweile die Zahl der Flüchtigen in den Grenzen des eigenen Landes. Das Wachstum der Städte ist das sichtbare Ergebnis dieser Flüchtigkeit. In Griechenland haben, unvergleichlich einem anderen Land in Europa an Dimension, die aufquellenden Städte das Hinterland geradezu von Menschen ausgesogen. In weiten Teilen ist Griechenland heute fast leeres Land, ist in seinen gebirgigen Regionen – eben dem größten Teil – ein Land sterbender Dörfer und dämmriger Marktflecken. In den Jahren und Jahrzehnten nach Krieg und Bürgerkrieg hat in Griechenland eine beispiellose Binnenwanderung der Bevölkerung stattgefunden.

Griechenland hat sich an seine Ränder ausgeleert, aus dem Inneren (und von den Inseln, deren meiste nur im touristischen Sommer den Anschein von Leben erwecken) an die festländischen Küsten. Die meisten Griechen leben heute entlang der Achsen Thessaloniki–Athen (an der Ägäis) und Athen–Patras (am Korinthischen Golf). Das sind mehr als sechs Millionen Menschen, knapp zwei Drittel der griechischen Bevölkerung. Die Schätzung geht wohl nicht zu weit, daß heute jeder zweite Grieche im eigenen Land nicht am Ort seiner Geburt lebt. Das alles macht: Heimatlosigkeit im eigenen Land.
Hinzu kommt die Heimatlosigkeit in der Fremde. Millionen Griechen haben ihre Heimat Richtung Nordeuropa, Amerika, Australien verlassen. Melbourne ist mit weit über dreihunderttausend Griechen – so viele wie in ganz Deutschland leben – die größte »griechische Stadt« außerhalb Griechenlands. Doch ein Grieche bleibt auch in der Fremde immer Grieche – anders als etwa die nach Abermillionen zu Amerikanern unkenntlich verschmolzenen Deutschen. Zu vermuten

ist, daß dabei besonders der Glaube, seine isolierte Praxis, die ganz und gar mit dem Begriff der Nation einsgewordene Kirche der griechischen Orthodoxie, an neuen Bindungen hindert.
Über Bindungslosigkeit wäre nachzusinnen, wenn auch nicht auf solcher Grundlage, wie sie der Brockhaus von 1967 als Kennzeichen des griechischen »Nationalcharakters« – was immer das sei – setzt: da ist vom »Wandertrieb« die Rede. Kaum! Es ist materielle Not, die die Griechen in ihrem Land herum und aus ihrem Land heraus treibt. Es ist eben nicht eingeborene Unstetheit, die Bindungen löst. Und es ist auch nicht ein – oft verzückt gepriesener – quasi genetisch überlieferter Individualismus, ein eingewurzelt anarchischer Trieb à la Alexis Sorbas, der noch in der kleinsten Handreichung wie bei Lebensentscheidungen den Griechen »Freiheit zuerst!« rufen machte.
Vielmehr scheint es, als stecke hinter der unsereinen (wenigstens für ein paar Urlaubswochen) so anziehenden, sprunghaften Wendigkeit, hinter großherziger Tat wie hinter windiger Pose, eine lange menschliche Erfahrung von Alleingelassensein. Es will scheinen, als sei im kollektiven Bewußtsein der Griechen vor allem die eine historische Erinnerung als stetige Wiederholung präsent, deren Lehre lautet: es ist auf nichts und niemanden Verlaß, es sei denn auf dich selbst. Lehre aus der realen Erfahrung, daß im neuen Griechenland – von der wirren Vorzeit zu schweigen – Politik und die Institutionen des Staates bis in die heutige Zeit nicht die Kraft erworben haben, das Zusammenleben aller und das Wohlergehen jedes einzelnen pfleglich zu befördern. Da ist kein Anvertrauen.
So zeigt sich die vielbeschworene Individualität der Griechen als erzwungen; lebensrettender Einzelkampf ersetzt den fehlenden Schutz gesellschaftlicher Übereinkunft. Aber so bitterlich ist das am Ende alles nicht. Zeigt sich doch in der Ungebundenheit viel menschlicher Vorzug – Menschlichkeit – gegenüber manchem zu Norm und Ordnung gebundenen Verhalten, dessen man sich in unseren Breiten so oft befleißigt. Wenn wir dem den Begriff der Spontaneität als ein Zeichen griechischen Miteinanders gegenüberstellen, ist das Schillernde solcher Kennzeichnung allerdings klar; schließlich mag man sich »spontan« ebenso eine Ohrfeige einhandeln, wie man »spontan« in Umarmung fallen kann. Nun, die Erfahrung lehrt, daß mit und unter Griechen das letztere Begebnis häufiger eintritt. Sich zu öffnen und sich zu vergeben, liegt einem Griechen nah. Herzlichkeit wird nicht als Belohnung für erwiesenes Wohlverhalten gezahlt, sondern als Gabe für erhoffte Zugeneigtheit verschenkt.
Vielleicht ist eine Antwort auf die Frage, was ein Grieche sei, diese: er ist ein Hoffender. Einer, der keine Hoffnung fahren läßt und alle Neugier bewahrt, daß sich im Irrlauf des Lebens überall doch das Beständige zeige. Das Gute.

Der Klatschmohn ist die häufigste Blume in griechischen Frühlingswochen. Olivenhaine, Weingärten sind für kurze Zeit vom Sattrot ihrer Blüten unterlegt.
Bei Náfpaktos, am Nordufer des Golfs von Korinth.

Auf dem Gutsbesitz ihrer Klöster gehen griechische Mönche und Laienbrüder vielfach Bauernarbeit nach, wie nicht weniger die Weltpriester in den Dörfern auch, auf eigenem Grund. Der einfache Pfarrer, der »papás«, der – vor seiner Weihe – heiraten darf, ist kein Mann, der außerhalb der Kirchenmauern aus der dörflichen Gemeinschaft herausgehoben wäre.

Die Gegend um die Landstadt Karpeníssi in Zentral-Griechenland, wo das Pindos-Gebirge südlich ausläuft, ist wohl die unbekannteste Region auf dem Festland: in einer Sackgasse des Straßennetzes gelegen. Dort ist in den Almhütten der Hirtenfamilien das einfache Leben noch gegenwärtig.

Schwarz ist die Farbe der alten Frauen in den griechischen Dörfern – schwarz die Kleider, schwarz die Tücher. So will es der Brauch, wenn ein Toter in der Familie zu beklagen ist. Und der Begriff von Familie greift weit hinaus über den kleinen Kreis von Eltern, Kindern und Kindeskindern. So wird mählich Schwarz zur Farbe des Lebens. In einem Bauernhaus auf Euböa.

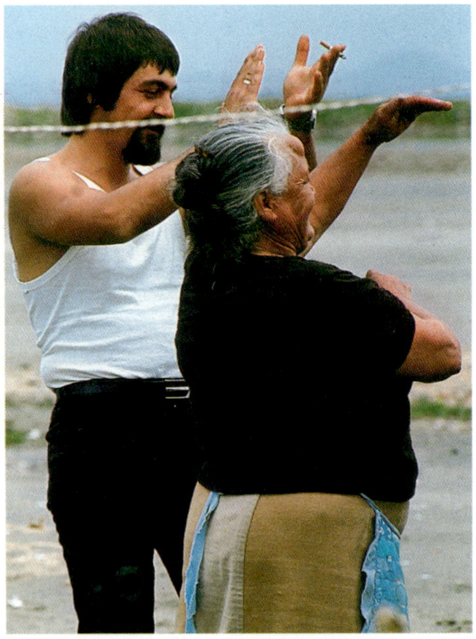

Zum Tanz bedarf es nicht viel: ein Radio und allenfalls einen, der den Takt schlägt. Die Musik griechischer Tänze verbindet Europa mit dem Orient, die Musik zu Tzámikos, Tik, Chassápikos, Sirtós, Kalamatianós, Soústa, Pendosális, Chaniótis… Der »Syrtaki« hingegen ist durchaus kein griechischer Volkstanz, sondern ein Kunstprodukt der Filmindustrie.

Aus Kleinasien nach Makedonien verpflanzt, hat sich
in Agia Eléni, in Langáda und wenigen anderen Dörfern der Brauch
des Feuertanzes bei den christlichen Bruderschaften
sogenannter »Anastenariden« erhalten. Die Bruderschaften sind
dem Kult der Gründungs-Heiligen des Byzantinischen
Reiches verpflichtet, den Heiligen (Kaiser) Konstantin und (seiner
Mutter) Eleni, deren Festtag der 21. Mai ist.
Nach dem nachtlangen Tanz ziehen die Anastenariden in Agia
Eléni aus, um durch glühende Kohle zu springen.

Mit der Opferschlachtung eines Stierkalbs – angeblich auf Bräuche des antiken Dionysos-Kults zurückführend, jedenfalls von der offiziellen Kirche als heidnisch verurteilt –, mit Musik und Tanz danach, versetzen sich die Anastenariden, Frauen und Männer, zur Vorbereitung des Feuertanzes in ekstatische Verzückung.

Mit Lyraspiel, Trommelschlag und Gesang wird im »konáki« – Haus der Bruderschaft und Aufbewahrungsort der wundertätigen Ikone – der Tanz der Anastenariden in der ganzen Nacht zuvor und während vieler Stunden des eigentlichen Festtages begleitet. Wie in Trance ergreifen die Tänzer abwechselnd das Heiligenbild, schwenken es in kreiselnder Bewegung.

Über Tag ist auf dem Dorfplatz von Agia Eléni ein Holzstoß errichtet und abgebrannt worden. Am Abend des Festes der Heiligen Konstantin und Eleni schließlich führt der Tanz die Anastenariden zur niedergebrannten Glut, die sie barfuß durchlaufen.

Unter dem Schutz der Ikone tanzen die Anastenariden endlich
auf der herabglimmenden Holzkohle – unversehrt; stampfen
mit bloßen Füßen das Feuer in die Erde (das ihnen als Symbol des
Bösen und Dämonischen gilt), um Unheil vom Dorf abzuwenden.

Seit dem Altertum wird in Griechenland der Ölbaum als größte
Gabe wechselnder Götter geehrt. Ein Baum, der –
wie dieser im Westen Kretas – über Hunderte Jahre Wachstums
Frucht tragen kann. Die Olive und das daraus
gepreßte Öl sind seit je das »täglich' Brot« in jenen Breiten.

Das ist eine beliebte Beschäftigung im griechischen Frühling, überall im Land: das Sammeln von »chorta«, von grünem Kraut aller Art. Von wildwachsendem Kraut – sei's Löwenzahn –, das sich als Speise zubereiten läßt, als Salat oder gedünstet und mit Öl und Zitronensaft serviert.

Als kleiner Häuserhaufen drückt sich das Dorf Kastráki –
recht eigentlich ein Weiler – an die Metéora-Felsen in Thessalien.
Sein Überleben verdankt der Ort im Schatten der Klöster
dem Tourismus: Souvenir-Meile auf dem Weg zu den pittoresken
Gehäusen der Gottsucher.

In der Argolis im Mai. Obwohl internationale Märkte auch die Landwirtschaft des EG-Mitglieds Griechenland zu tiefgreifenden Veränderungen gezwungen haben, ist die alte Zeit noch nicht untergegangen. Und noch umrunden kleine Herden von Schafen und Ziegen die griechischen Dörfer überall.

Im Innern ganz und gar ausgemalt ist die Marienkirche
beim Dorf Kritsá im kretischen Bezirk Lassíthi.
Aus dem 14. Jahrhundert stammen die ältesten der wunderbaren
Fresken, wie diese Darstellung der heiligen Anna.

Bevor zu Maibeginn die Schwammfischer von Kálymnos ausfahren, erteilt der Bischof nach einer Prozession zum Hafen seinen Segen. Gefahrvoll sind die wochenlangen Fahrten, gefährlicher noch ist das Tauchen hinab zu den Schwammbänken, das immer wieder Menschenleben kostet und viele kalymnische Fischer mit der Taucherkrankheit geschlagen, zu Krüppeln gemacht hat.

Eines der schönsten Gotteshäuser auf Rhodos ist die der Gottesmutter geweihte Kirche von Lindos, die der Johanniter-Großmeister Pierre d'Aubusson um 1500 für seine orthodoxen Insel-Untertanen bauen ließ. Das Templon – die Bildwand – der Kirche ist reich mit Ikonen besetzt. Kuppel und Gewölbe wurden knapp dreihundert Jahre nach der Erbauung mit Wandmalereien geschmückt.

Taufe in Anógia auf der Insel Kreta: das ist immer ein Großereignis
für die Familie, Anlaß zum Fest. Und Anlaß, Bindungen
zu knüpfen und zu festigen, denn sorgsam werden die Paten des
Täuflings, die »kumbári«, gewählt, die – als Gebende
und Nehmende – einen verpflichtenden Platz in familiären Gefügen
gewähren und gewinnen.

Viele große und kleine Landstädte Griechenlands bieten als Einkaufszentren täglich und erst recht an besonderen Markttagen, zumeist einmal wöchentlich gehalten, den Bewohnern umliegender Dörfer sichere Gelegenheit für Zusammentreffen und Austausch. Dorfpfarrer auf dem Mittwochsmarkt von Kardítsa in Thessalien.

Wegraine und Straßenränder Griechenlands sind mit Gebetsstöcken dicht punktiert: Heiligenbilder und Ewiges Licht. Die Kult-Stationen zeugen von andauernd tiefverwurzelter Volksfrömmigkeit der Griechen.

Die Lust des antiken Erbes

Im Nationalmuseum zu Athen werden Werke der Plastik aller Epochen griechischer Antike bewahrt.
Eine Skulptur aus Delos aus dem 2. Jahrhundert v. Chr.: Aphrodite droht Pan mit dem Schuh, Eros wird's richten.

Für jeden Europäer, und nicht nur für ihn, ist die Begegnung mit der griechischen Antike immer eine Rückkehr in die eigene Vergangenheit. Wir wären, wie wir sind, nicht denkbar ohne Hellas. Man sagt, das sogenannte »Abendland«, worin wir uns befinden, sei durch den Zusammengang dreier Elemente definiert: durch das Denken – die Philosophie vor allem – Griechenlands, durch die Staatskunst Roms und durch das jüdische Christentum (dessen Ursprungsbuch, das Neue Testament, in griechischer Sprache überliefert wurde). Nun ist zwar die Beschäftigung mit der Antike, als Lehre und Labsal für jedermann, einigermaßen aus der Mode gekommen, doch in Griechenland selbst ist die Konfrontation unvermeidlich – insofern man nicht ganz den Kopf in den Sand-Strand steckt.
Was dort also zu sehen und zunächst zu erfahren ist, ist naturgemäß nur ein Ausschnitt: die greifbaren Hinterlassenschaften. Tempel und Theater. Der Zusammenhang der Säulen mit dem großen Ganzen, das den Grund gelegt hat für unsere Kultur, bleibt unvermeidlich verborgen. Unbelebt – leere Worte – bleibt, was es zu repetieren gilt zu den vielen Anfängen Europas: zum Beginn der epischen, lyrischen, dramatischen Dichtung, zum Beginn der Geschichtsschreibung, zum Beginn (und sogleich Höhepunkt) der Philosophie, zum Beginn aller Naturwissenschaften, der Medizin, der Astronomie, zum Beginn dessen, was wir mit einem Wort aus der griechischen Sprache Demokratie nennen. Griechenland ist in Europa aller Anfang.
Auch der steingewordene Ausschnitt aus dem großen griechischen Erbe, der in Griechenland – als einem Teil der größeren hellenischen Welt der Antike – zu sehen ist, ist von nämlicher Art: großmächtige Exempel für viele Anfänge und manchen Höhepunkt der Baukunst und Skulptur. Ein wenig Kühle verströmt das Ganze, Unnahbarkeit, da es schwerfallen will, all die

zu Recht gepriesenen Monumente, die von Haupt- und Staatsaktion zeugen, mit dem gewöhnlichen, gewürmigen Menschenleben in Einklang zu bringen. Die Litanei, an jedem Ort, vom Wahren, vom Schönen, vom Guten, verstellt eher den Zugang zu einer fernen großen Zeit, als daß sie Wege öffnete. Es fehlt vielleicht in Griechenland eine so eigentlich gewöhnliche Stätte wie das italienische Pompeji oder der Anblick einer ganzen Stadt wie Ephesos in der heutigen Türkei, wo auch ohne belehrende Worte Alltäglichkeit erlebbar ist, wo in der Vorstellung aus Menschen der antiken Vergangenheit Mitmenschen werden können, unsere »Genossen an der Trübsal«, wie der Apokalyptiker Johannes sagt.

Aber wir wollen nicht mäkeln. Es sind ja nicht die Monumente schuld, deren »Erhabenheit« doch gewiß preisenswert ist. Es sind eher unausrottbare Schulmeistereien, die uns nahelegen wollen, daß im Bannkreis der großen Geister Griechenlands, im Bannkreis marmorner Säulen, Laster und Leid, Lug und Trug, Stehlen und Hehlen, keinen Platz gehabt hätten. Was damit gesagt sein soll: Unbefangenheit ist kein schlechtes Mittel, Lust am antiken Erbe Griechenlands zu gewinnen. Dann folgen Staunen und Bewunderung zur rechten Zeit.

Was wäre denn in Wahrheit staunenswerter, bewundernswerter als die Akropolis von Athen mit ihren Tempeln, mit dem Parthenon als Krone? Man braucht gar nichts von den hochelaborierten Rechnungsweisen zu wissen, mit denen vor bald zweieinhalbtausend Jahren die Neigungswinkel der Säulen ermittelt wurden, um die vollkommene Harmonie des Hauses für die jungfräuliche Athene zu verstehen. Es ist nicht einmal nötig, die Akropolis zu besteigen, um den Glanz zu begreifen, mit dem diese Kultstätte einst in die griechische Welt strahlte. Nichts ist erhellender als die Schau der Akropolis aus nicht weiter Ferne, vom Lykabettos-Hügel. Da liegt die Stadt riesenhaft zu Füßen, aber sie hat dem Burgberg, den kleinen Fleck über Millionen Quadratmetern Asphalt und Beton, nicht den Rang der Herrschaft streitig machen können. Das ist dort zu sehen. Aus der Ferne betrachtet, schwebend über der Stadt, offenbart sich die Akropolis als dauernder Triumph der Vergangenheit über jede Gegenwart.

Nicht nur angesichts der Akropolis läßt sich die Einsicht gewinnen, daß größtmögliche Nähe – das Begehen, Betasten des Kunstwerks – manchmal weniger Vertrautheit schafft als bewahrte Distanz. Im übrigen war die Entrücktheit der Akropolen, der Oberstädte griechischer Siedlungen (deren athenische nur eine von vielen ist), von der Sache selbst bestimmtes Programm: Fluchtburg in der Not und gleichzeitig Anbetungsort beschirmender Götter, ein immerwährender Schild über der Stadt.

Aber nicht jeder griechische Tempel in der Höh' ist aus praktischem Kalkül an seinen Ort geraten. Der auch in seinen Resten herrliche Poseidon-Tempel vom Kap Sunion, an der Südspitze Attikas, ist Nachweis dafür, wie im alten Griechenland schon früh die Landschaft als schier ästhetisches Element in die Planung repräsentativen Bauens einbezogen wurde. Der Platz, der dem Gott des Meeres geweiht ist, ist auf diese Weise bewußt auf distanzierende Wirkung angelegt – von See her. Tatsächlich wird, wer sich von Land nähert, keinen offenen, die ganze Tempelstätte umgreifenden Blick einfangen. Aber von Deck der Schiffe, die vom Piräus kommend frühabends die kykladischen Inseln ansteuern und das Kap umrunden, ist der Tempel zu sehen, wie's gedacht war: als inszeniertes Tableau eines heiligen Kults. In hellem Ocker glimmen die filigranen Säulenreihen in der sinkenden Sonne. Über diese Wasser ist Theseus unter schwarzen Segeln gefahren, als er den Minotauros im kretischen Labyrinth getötet hatte, so geht die Sage. Von diesem Kap hat sich sein Vater Aegeus, den Sohn gestorben wähnend, ins Meer gestürzt, das seither seinen Namen trägt: Aegaeis.

Das Labyrinth ist zu besichtigen, der Palast unter dem Zeichen der Labrys, der Doppelaxt, der Palast von Knossós auf Kreta. Wie immer der Mythos vom menschenfressenden Stier im Palast des sagenhaften Königs Minos seine Gestalt gewonnen hat – es muß mit einem Staunen und Raunen der Alten Welt über das riesige Bauwerk, das unbegreifliche Bauwerk, begonnen haben. Etwa dreizehnhundert Räume dürfte

der Palast besessen haben – wahrlich ein Labyrinth – so lautet der archäologische Befund. In Knossós treten wir tief in die griechische Frühzeit ein, eine Zeit, zwölfhundert Jahre und mehr vor dem klassischen 5. Jahrhundert mit Parthenon und Poseidon-Tempel. Wenn Griechenland Europas Anfang war, war Kreta Griechenlands Beginn. An einem kretischen Strand, der heute Mátala heißt, hat Zeus in Stiergestalt Europa, die geraubte Königstochter, die dem Kontinent seinen Namen gab, an Land getragen.
Knossós hält im übrigen durchaus keine exponierte Stellung in der Landschaft. Der Palast duckt sich ins hügelige Hinterland der kretischen Küste. Aber er ist nicht wie in einem Versteck verborgen, wie die Burg von Mykene »im hintersten Winkel der rossenährenden Argolis«. Zwar bewegen wir uns in den Mauern von Mykene auf der Peloponnes in Hinterlassenschaften ungefähr derselben Zeiträume – der ersten bis mittleren Jahrhunderte des zweiten Jahrtausends vor unserer Zeit – aber welch ein Gegensatz zu Knossós: hier Wehrhaftigkeit, dort ein offenes Haus. Hier kyklopische Mauerringe und düstere Grabhäuser, dort lichte Räume mit bunten Säulen und Fresken von spielenden, tanzenden Menschen (wenngleich der Ausgräber von Knossós, Arthur Evans, als Rekonstrukteur mit Stahlbeton und Farbtopf großzügig umgegangen ist).

Die Peloponnes besitzt lichtere, heiterere Plätze als das finstere Mykene. Alt-Korinth unter seinem Akropolisberg; Epidauros, Heiligtum des Heilgottes Asklepios, mit seinem großen Theater (das in jedem Sommer bespielt wird); Olympia. »Kommt man nach Olympia, so ist nun da der Fluß Alpheios, wasserreich und sehr angenehm anzusehen, da unter anderem sieben besonders bedeutende Flüsse in ihn münden....« So beginnt Pausanias den Bericht über Olympia in seiner »Beschreibung Griechenlands«. Als Pausanias in der zweiten Hälfte des 2. Jahrhunderts n. Chr. Griechenland bereiste, war das Heiligtum schon über neunhundert Jahre als Kampfstätte in Funktion, und die Spiele sollten erst 393 als Relikt heidnischer Zeit geschlossen werden. Mit den Olympischen Spielen beginnt die historische Zeitrechnung, mit dem Beginn der ununterbrochenen Aufzeichnung olympischer Siegerlisten; bis auf das Jahr 776 v. Chr. können wir die Vergangenheit genau zurückzählen.
Aus der Lektüre des Pausanias wußte man, was einmal gewesen war. Aber wo heute eine der beeindruckendsten Ruinenstätten Griechenlands zu begehen ist, war bis 1875 so gut wie nichts mehr zu sehen. Olympia lag unter dem Schlamm des »wasserreichen Alpheios« begraben. So ist der Ort heute nicht nur Erinnerungsstück und Gedenkstätte für alle Sportelei; sondern Olympia ist vor allem eine Stätte archäologischer Siege, deutscher Siege in diesem Fall. Die Schatzkammer Olympia, der Ort, wo vor einhundertzwanzig Jahren nichts war, erinnert auch daran, daß im Boden Griechenlands noch an vielen Orten ungehobene Schätze stecken. Neben der Kärrnerarbeit, die den archäologischen Alltag bestimmt, gelingen immer wieder auch spektakuläre Entdeckungen. So, wie die Ausgrabung der frühgeschichtlichen Siedlung von Akrotiri auf Santorin. Wie die Erforschung der Hügelgräber von Verjína in Makedonien, deren unterirdische Kammern die Grabstätte König Philipps II., Vater des großen Alexander, freigaben; hinreißend die Grabbeigaben aus purem Gold, die das Museum von Thessaloniki ausstellt (daneben der bedauerliche Mißgriff der achtlosen Zurschaustellung von Philipps Skelettresten in einer Vitrine). Wie jene Erforschung der minoischen Siedlung im kretischen Archánes, die Geschichtsbilder umstürzte, als sie erstmals zutage brachte, daß es auf Kreta Menschenopfer gegeben hat. Diese Beispiele aus jüngerer Zeit sind übrigens allesamt Ergebnisse der Arbeit griechischer Archäologen. Die lange gültige Dominanz ausländischer Ausgräber auf griechischem Boden ist mittlerweile gebrochen.
Noch Delphi wurde unter den Mauern eines ärmlichen Dorfes von einem Deutschen entdeckt, dann von Franzosen freigelegt und erkundet. Mit der Athener Akropolis, mit Olympia, mit der Insel Delos gehört Delphi zum Quartett der hervorragendsten Denkmalsräume aus Griechenlands klassischem Zeitalter. Das – wie Olympia – panhellenische Heiligtum, die dem Apollon

Nach dem Vulkanausbruch von Thera/Santorin um 1450 v. Chr. wurde der Palast von Mália auf Kreta von einer Flutwelle zerstört. Unverrückt an seinem Ort blieb der Opferstein eines Fruchtbarkeitskults.

geweihte Orakelstätte für die ganze griechische Welt, fügt sich auf einzigartige, man könnte sagen: auf betörende Weise in eine Landschaft, die das Idealbild griechischer Landschaft schlechthin abgibt. Delphi liegt unter Felshängen am Rand des Parnass-Gebirges, am Ausgang einer Schlucht, wo eine Quelle entspringt. Delphi liegt auf sanft fallenden Terrassen in der Höhe über einer mit Ölbäumen besetzten Ebene, die hinabführt zum Meer, zum Korinthischen Golf. Unter Bäumen stehen Tempelreste, stehen die Schätzhäuser, in denen die griechischen Städte ihre Weihegaben an das göttliche Orakel lagerten. Delphi war einmal »der Nabel der Welt« – von hier stammt der Begriff –, ein Stein markierte diese geistige Mitte.

Auch Delos war Apollon geweiht, die Insel Delos, mythischer Geburtsplatz des Gottes. Delos stellt in neuer Variation Heiligtum und Landschaft in einen Zusammenhang. Auch Delos war ein kultisches Zentrum der griechischen Welt. So groß war der Ruf des kargen Stück steinigen Landes im Meer, daß die umliegenden Inseln »Kykladen« genannt wurden, die (Delos) »Umringenden«. Der Eindruck des in der Sonne glühenden, des sturmgezausten toten Heiligtums, der unbewohnten Insel, ist ergreifend. Doch führt anhaltende Weihestimmung auch an diesem Ort in die Irre. Leicht wird übersehen, daß Delos nur in klassischen Zeiten ein Ort heiligmäßiger Makellosigkeit war, wo nach Dekret nicht geboren, nicht gestorben werden durfte. Spätere Jahrhunderte sahen auf Delos eine große, geschäftige Stadt, das Zentrum des mittelmeerischen Sklavenhandels. Was von dieser Stadt aus hellenistischer und römischer Zeit übriggeblieben ist, hat somit seinen eigenen Erkenntniswert. Als »Pompeji Griechenlands« sind diese Trümmer gelegentlich bezeichnet worden – aber das ist maßlos übertrieben.

Viel ist zu sehen auf griechischer Erde: Altbekanntes für die erste Witterung unserer Vergangenheit, Unbekanntes für die Unersättlichkeit, die danach erwachen kann. Und wenn alle Monumente ausgekostet sind, bleiben nackte Orte ohne Zahl, mythische Plätze, magische Namen, die Erinnerungen und Geschichte wachrufen: Thermopylen, Salamis, Arkadien…

Der Aphaia-Tempel auf der Insel Ägina beherrscht
von seinem hochgelegenen Ort die östliche, Attika und Athen
zugewandte Küste der Insel. Um 580 v. Chr.
wurde der Fruchtbarkeitsgöttin hier ein erster Tempel gebaut,
dem eine zweiter – in imposanten Resten erhalten –
um 510 folgte.

Von den einhundertvier kolossalen Säulen des Olympieions
in Athen stehen noch fünfzehn aufrecht. Sie geben Ahnung von der
Riesenhaftigkeit des Bauwerks, das, so will es scheinen, Maß
und Harmonie des klassischen Zeitalters von Athen völlig entbehrt.

Was am minoischen Palast von Knossós auf Kreta Original und was Kopie ist, ist auf den ersten Blick schwerlich zu unterscheiden. Jedenfalls öffnen sich hier lebendige Einblicke in die Ferne von Europas Beginn.

In Wolken hüllt sich der Parnass, nach dem Götterglauben
der Antike Sitz des Apollon und der Musen
(heute aber winters Skigebiet: auf den Höhen erster Schnee).
Eine Herde zieht über die Hochebene von Varka.

Im Hafenort Diafaní auf Kárpathos in der südlichen Ägäis.
Die Insel, zur Dodekanes gehörig und an deren Außenrand gelegen,
ist noch am längsten festgefügten Lebensweisen
vormoderner Zeit gefolgt – bis auch sie nun eingeholt wird von
neueren Begehrlichkeiten.

Dort, wo es der abgelegene Ort notwendig macht
(wie in Diafaní auf Kárpathos), werden immer noch die Öfen der
Backhäuser geschürt. Einmal in der Woche
zumeist heizen die Frauen in nachbarschaftlicher Gemeinschaft an,
backen Brot und gelegentlich süßes Gebäck.

Das Bergdorf Olympos im Berginnern von Kárpathos ist berühmt für die prachtvollen Trachten und den Goldschmuck seiner Frauen. Die Kleider des Arbeitsalltags, auf der Weide in der Nähe des Dorfs, sind schlichter, zumal die der verheirateten Frauen. Jungfernschaft darf ein wenig mehr in Farben schillern.

Die »kápa«, die der Hirte aus der kretischen Ebene von Lassíthi trägt, ist ein bewährtes panhellenisches Kleidungsstück der Weiden: eine wärmende, wasserabweisende Pelerine aus filziger Schaf- und Ziegenwolle.

Euböa ist eine Insel, die sich entlang der östlichen Festlandsküste vom Südende Attikas bis vor den Eingang des Pagasitischen Golfs erstreckt. Mit Kreta ist sie eine der zwei Groß-Inseln Griechenlands, von den Venezianern als deren wertvoller Besitz einst »Negroponte« genannt: grüne, fruchtbare, liebliche Landschaft. Bei Kamarinádes im Inselosten.

Als Heinrich Schliemann 1874 begann, den Burgberg
von Mykene freizulegen, trat – in seinen Trümmern – der in der
Frühgeschichte mächtigste Ort Griechenlands aus
der Vergessenheit ans Licht: mit Festungsbauten, Grabhäusern,
goldenen Masken, Schmuck. Das Löwentor ist das
bestbekannte Denkmal aus Mykenes steinerner Hinterlassenschaft.

Stätte des Totenkults innerhalb der »kyklopischen« Mauern der mykenischen Akropolis waren die sogenannten Königsgräber. Sie wurden in spätmykenischer Zeit mit einem doppelten Plattenrund eingefaßt: das war schon siebenhundert Jahre, nachdem um 2000 v. Chr. die ersten frühgriechischen Einwanderer an den Ort Mykenes gelangt waren.

Die großräumige Messará-Ebene auf Kreta, am Rand des Libyschen Meeres, ist fast völlig mit Ölbäumen bestanden. Sie haben dort auch die antike Stadt Gortys überwachsen, die unter römischer Herrschaft (bis 395 n. Chr.) die große Hauptstadt der afro-europäischen Reichsprovinz Kreta/Kyrenaika war.

Die hügelige Argolis der Hirten, der Nordosten der Halbinsel Peloponnes, ist der Ursprungsraum ältester Mythen des antiken Hellas. Die Realität unserer Zeit hält die Ränder argolischer Landschaft im Griff, touristisch bestimmte Küstenorte wie Nauplia und Tolón, Ermióni oder Porto Chéli.

Stavronikíta ist eines von zwanzig Klöstern auf dem Heiligen
Berg Athos, der autonomen Mönchsrepublik auf dem östlichen
Ausläufer der makedonischen Halbinsel Chalkidike.
Vom byzantinischen Kaiser Johannes Tsimiskís wurde der Berg der
Eremiten 966 mit andauernden Sonderrechten belehnt,
die die heute noch verbliebenen etwa siebzehnhundert Mönche vor
der Welt beschirmen – und vor allem Weiblichen.

Sitz der mönchischen Selbstverwaltung des athonitischen Gottesstaates, des »Gartens der Jungfrau Maria«, ist die dörfliche Siedlung Kariés. Hier erhält die streng begrenzte, nach Gottgefälligkeit ausgelesene Zahl Besucher (barer Tourismus ist verboten) von den bärtigen Männern im schwarzen »Engelsgewand« den Passierschein, der die Klöster zur gastfreien Aufnahme jedes Pilgers anhält.

Auch der Landschaft Achaia in der nordwestlichen Peloponnes gehören wandernde Herden ursprünglich zu. »Achaier« ist der Name, den noch Homer – statt »Hellenen« – für die Gesamtheit der Griechen nennt. In Achaia betreten viele heutige Besucher Griechenlands erstmals griechischen Boden: der Fährhafen Patras liegt dort.

Es sind die Alten, die noch als Hüter bei den Herden stehen, wie der Bauer aus dem kretischen Dorf Kritsá. Selbst wenn sich sein Dorf – wegen der berühmten Fresken der Marienkirche – längst als Markenartikel der Tourismus-Industrie veräußert.

Über alle Jahrhunderte nicht unter die Türken gefallen zu sein, darauf halten sich die Bewohner der von Venedig geprägten Ionischen Inseln einiges zugute. Und tragen – unter Griechen oft als hochmütig verschrien – nicht nur unter den Tuchhauben der Frauen von Korfu die Häupter hoch.

Auf 1130 Meter in der Bergeinsamkeit des peloponnesischen Mittelwestens liegt der Tempel von Bassae. Er wurde zum Ende des 5. Jahrhunderts v. Chr. von Iktinos erbaut, von dem auch der Plan des athenischen Parthenons stammte. Mit manchen Neuerungen, vor allem der Säulenordnung, ein Werk der »Avantgarde seiner Zeit« geschaffen zu haben, bescheinigen moderne Kunsthistoriker dem Architekten der Antike.

Váthia heißt das besterhaltene Dorf der Halbinsel Mani im Süden der Peloponnes. Wie die Sfakiá auf Kreta konnte die Mani von unmittelbarer osmanischer Herrschaft freigehalten werden. Sie wurde zum Rückzugsgebiet Zehntausender Griechen (die unter dem harten Regiment mächtiger maniotischer Familien-Clans standen), die das karge Land bis zum letzten steinigen Winkel bebauten, die sich der Seeräuberei verschrieben. Und die in Dörfern aus steinernen Türmen hausten.

Die alte Macht der Clans dokumentieren die Geschlechtertürme in den Dörfern der Mani (hier in Drimós), Wohnhäuser und Festungswerke von Familien, die sich – über Dorfgassen hinweg – oft genug von Turm zu Turm bekriegten. Und über Generationen hinweg: die Kämpfe um wirtschaftlichen Vorteil oder nur um Satisfaktion nach einer Ehrverletzung standen unter dem Gesetz der Blutrache. Erst vor gut einhundert Jahren fand der letzte maniotische Familienkrieg ein Ende.

Die Last der neuen Zeit

Trotz allen Wandels sind die familiären Bande, über Generationengrenzen hinweg, stark geblieben. Und wenn es nötig ist, dann schultert eben die Großmutter (wie hier auf Korfu) den Enkel beim Feldgang.

Das allgemeine Interesse an Griechenland als Staat und Gesellschaft ist gering, tendiert weitgehend gegen Null. Die Kenntnisnahme vom realen Griechenland ist wie würgend umklammert von einem vagen Wissen um das Altertum und vom schlichten Abzählreim der Urlaubsgebiete. Über so viele andere Länder in Europa können wir uns tagtäglich in Zeitungen und Fernsehen kundig machen; im Fall Griechenlands, mit geringsten Ausnahmen, kaum. Griechenland gehört zwar zum sich mühselig vereinenden Europa des Westens, ist ein Mitglied der Europäischen Gemeinschaft – und steckt doch in der Isolation.

Diese im Land selbst am meisten beklagte Isolation ist nicht schlankweg Folge der Mißachtung durch »die anderen«, durch »das Ausland«, wenngleich in Griechenland traditionell (und aus historischen Gründen nicht ohne jede Berechtigung) »die anderen« schuldig gesprochen werden, wenn irgendwelche Mißhelligkeiten in der Befindlichkeit der Nation nach Tröstung verlangen. Die Isolation ist auf gewisse Weise schicksalhaft, falls das Wort hier erlaubt ist. Es genügt ja bereits ein Blick auf die Karte, um den Ur-Grund der Absonderung Griechenlands vom übrigen Europa zu erkennen. Und man sollte nicht meinen, hurtige Verkehrs- und blitzartige Kommunikationsmittel könnten mit Überwindung geographischer Ferne zugleich sämtliche Folgen aufheben, die aus der Jahrhunderte währenden Abwesenheit von der gemeinschaftlichen Entwicklung des übrigen Europas erwachsen sind.

Es ist nicht aufzuheben, daß Griechenland nicht teilhatte an einer Entwicklung Europas in der Neuzeit, die durch Renaissance, Reformation, Aufklärung weltbewegende Impulse auslöste und Europa zur Avantgarde einer Epoche machte. Es ist nicht aufzuheben, daß Griechenland nicht Teil der lateinischen Kirche und ihrer Abspaltungen war – nicht dem »Abendland« zugehörte –, daß Griechenland als bislang einziges Mitglied der EG der Konkursmasse des Osmanischen Reiches der Türken entstammt. Und selbst die Sprache, die schöne griechische Sprache, isoliert in ihrer Unverbundenheit – nicht wie die anderen Sprachen Europas jeweils engen Verwandtschaftsgruppen zugehörig – schicksalhaft die Griechen vom Rest der Welt.

Griechenland ist »Europa« und ist es nicht. Griechenland ist dort, wo Platon den Standort der Weisen ortete: »dazwischen«, nicht hier, nicht dort. Griechenland ist auf der Schwelle und möchte doch so gerne drinnen stehen, unter den anderen, erfolgreicheren Ländern als gleichberechtigt anerkannt. Griechenland ist Schlußlicht. Nach den nackten Zahlen hat in der Europäischen Gemeinschaft selbst der Nachzügler Portugal die Griechen an Wirtschaftskraft übertroffen. Die Inflation galoppiert seit langer Zeit von Jahr zu Jahr auf die Marke von zwanzig Prozent zu. Die Einkommen sind niedrig, die Preise steigen, die Lebenshaltung ist so kostspielig geworden wie in Westeuropa. Die Staatsverschuldung hat seit längerem die Höhe des Bruttoinlandsproduktes überstiegen. Streiks lähmen die Wirtschaft, politische Skandale erschüttern das Land.

Bei näherer Betrachtung gewinnt das Schreckensbild sicher einige sanftere Konturen. Aber wahr ist dennoch, daß die Alltagsrealität in Griechenland eine bedrängte Realität ist, die in Steuerlosigkeit entgleitet und der es, wann immer möglich, zu fliehen gilt. Kennzeichnend dafür kann stehen, daß nach seriösen Schätzungen die Schattenwirtschaft in Griechenland, also das von Staat und Steuern nicht erfaßte Wirtschaftgeschehen, die Höhe von nicht weniger als fünfzig Prozent des offiziell ermittelten Bruttosozialprodukts ausmacht (für Deutschland, zum Vergleich, werden die »schwarz« erbrachten Wirtschaftsleistungen auf zehn Prozent geschätzt). Darin erweist sich, wie überlebensnotwendig es ist, die harten Realitäten weich abzufedern. So erklärt sich denn auch, was mit offenen Augen überall in Griechenland zu erblicken ist: die wachsende Kluft zwischen, in aller Bedrängnis, erreichtem privaten Wohlstand und öffentlicher Armut. Einer öffentlichen Armut, die in allen Sektoren staatlicher Aufgaben nur wenig mehr erlaubt, als den Mangel zu verwalten.

Das Leben ist hart. Nicht wenige Griechen sind in doppelten Arbeitsverhältnissen tätig. Bevorzugt ist die Kombination von morgendlichem Aussitzen einer kleinen Planstelle im öffentlichen Dienst mit nachmittäglicher Anstrengung in Handel oder Gewerbe. Das ist für den einzelnen vor allem deswegen einigermaßen durchzuhalten, weil die öffentlichen Dienste weit überbesetzt sind – in krassem Gegensatz zu ihren dienstbaren Anstrengungen. Vornehmlich als werbendes Geschenk von Politikern jeglicher Couleur sind die Ämter Griechenlands mehr und mehr mit unnützem Personal vollgestopft worden, zu manchen Wahlterminen gleich in Schüben von Zehntausenden. Ebenso wurden die Dienstleistungsunternehmen der öffentlichen Hand einer wechselnden Klientel als kleine Pfründen zugeschlagen, beispielsweise die staatliche Telefongesellschaft. Was natürlich nichts an den Zuständen in ihrem Arbeitsgebiet, an Wartezeiten von bis zu fünfzehn Jahren für ein Telefon in der Provinz beispielsweise, geändert hat.

Die unter allen Regimes andauernde Misere griechischer Staatsverwaltung auf allen Feldern ist unleugbar. Aber man sollte Gerechtigkeit walten lassen und darf die schwierigen Voraussetzungen nicht vergessen, in denen der Staat entstand und gewachsen ist. Man muß sich der schwer lastenden Hypotheken erinnern, die die Geschichte Griechenland aufgeladen hat. Einem Land, das von der Natur zwar mit Urlaubs-Attraktionen reich gesegnet ist, dessen reizvolle Geographie in ihrer Zerrissenheit aber für die Anforderungen des modernen Zeitalters an wirtschaftliche Effizienz – Anforderungen zum Beispiel an eine Verkehrs-Infrastruktur – denkbar ungünstig bedacht ist. Und man denke daran, daß Griechenland auch deswegen in einem kaum aufholbaren Hintertreffen ist, weil es auch keinerlei Anteil an der über zweihundert Jahre dauernden industriellen Entwicklung Zentraleuropas hatte. Noch bis zum Beginn der sechziger Jahre war Griechenland durch und durch ein Agrarstaat, vielfach auf dem niedrigsten

Niveau der Subsistenzwirtschaft – von der Hand in den Mund. Bis noch in die Jahre nach dem Krieg waren fast sechzig Prozent der Griechen Bauern. Und soweit man den in Griechenland immer mit Vorsicht zu genießenden neueren Statistiken trauen darf, sind immer noch fünfundzwanzig Prozent der Erwerbstätigen in der Landwirtschaft beschäftigt.

Noch ist das heimelige Bild des durch die Berge trappelnden Esels mit Landmann darauf nicht versunken, und bis dahin wird es noch einiges währen. Aber das uns pittoresk erscheinende Treiben auf kleinen, steinigen, der sperrigen Landschaft mühselig abgerungenen Ackerstücken trägt schon heute den Charakter des Musealen. Mit Aussicht auf ein Überleben in der Zukunft wirtschaften griechische Bauern nur dort, wo es nicht der Postkarten-Idylle zuträglich ist, sondern dem Einsatz von Ackerschleppern: auf den weiten Feldern Thrakiens, Makedoniens und Thessaliens etwa. Oder dort, wo Spezialisierungen auskömmliche Erträge versprechen, wie etwa an manchen Strecken der kretischen Südküste, die mit den Plastikplanen der Treibhäuser für winterliche Ernten von Tomaten und Gurken überdacht sind. Auch die Fischerei, die für ein weiteres klischiertes Bild Griechenlands herhält, ist ein nur noch wenig zukunftsträchtiges Geschäft. Zumal die kleinen Barken, die nicht ins offene Meer ausfahren, Fänge heimbringen, die kaum der ganzen Mühe lohnen. Überall in Küstennähe, am Festland und zwischen den Inseln, ist das griechische Meer weitgehend abgefischt.

Griechenland, Land der Bauern und der Fischer, ist inzwischen ein Land der Städter, der Großstädter sogar. Mindestens die Hälfte aller zehn Millionen Einwohner Griechenlands lebt in Städten mit mehr als einhunderttausend Einwohnern, in Groß-Athen, in Thessaloniki, in Patras, Lárissa, Volos und Iraklion. Weitere rund eineinhalb Millionen Griechen wohnen in kleineren Städten bis hinab zur Einwohnerzahl von zwanzigtausend. Die Städte sind also, in einer radikalen Umkehr der Vergangenheit, das Zentrum griechischen Alltagslebens. Die Städte, die der Besucher normalerweise meidet oder doch schnell wieder verläßt. Mit enormer Schnelligkeit haben sich die alten Verhältnisse verkehrt. Iraklion auf Kreta beispielsweise zählte vor fünfundzwanzig Jahren nur etwa sechzigtausend Einwohner, jetzt dürften es einhundertfünfzigtausend sein; Thessaloniki ist von etwa vierhunderttausend auf annähernd eine Million angewachsen. Und Athen, das 1830, zur Gründungszeit des neugriechischen Staates, ein Viertausend-Seelen-Dorf von Hirten und Kleinhändlern war, steuert mit seinen Vorstädten über die Dreieinhalb-Millionen-Marke hinaus.

Anhand zumal dieser Fakten ist wohl rechtens zu behaupten, daß Griechenland ein Land im Werden ist. Griechenland steckt noch mitten in einer Entwicklung, die in anderen Breiten Europas schon lange vollzogen ist – man denke nur daran zurück, daß das Ruhrgebiet vor erst einhundertfünfzig Jahren begann, sein Gesicht von traulicher Ländlichkeit zur endlosen Stadt zu wandeln.

Diese Feststellung und Einsicht allein gäbe Anlaß genug, um vorschnelle Urteile über griechische Unzulänglichkeiten zu mildern, Urteile, die die Verhältnisse im Land an den Verhältnissen in den eigenen, den »entwickelten« Heimatländern messen.

Die Zustände im verstädterten Griechenland sind eben deswegen häufig so unzulänglich, weil – im Denken und im Handeln der ungezählten neuen Städter – »das Dorf« in die Stadt getragen worden ist – wo es den Notwendigkeiten des neuen Lebens nicht genügt. Wo, in der Ballung, die gewohnte kleine Freiheit eines jeden am Ende alle in ein Chaos zu stürzen droht.

So wird wie wildwüchsig Haus um Haus errichtet – und unwirtliche Betonwüsten entstehen; so wächst sprunghaft der Verkehr – und doch sind ihm keine neuen Wege gebahnt. Wenn das dörfliche Denken noch das Leben in der Stadt prägt, steht so etwas wie Urbanität weit hinter dem Horizont.

Aber andererseits ist festzuhalten, daß in den jungen griechischen Städten ein menschlicher Zusammenhalt bewahrt worden ist, der in jener Urbanität verloren scheint: das macht die schützende Funktion der Familie und noch der größeren Gemeinschaft eines gemeinsamen Herkommens.

Noch bevor es versinkt, wird ein altes Gewerbe
neu entdeckt. Webstühle, früher in jedem Bauernhaus, wandern
nicht mehr auf die Müllhalde des Fortschritts,
weil der Markt nostalgisch ihre Produkte verlangt.

So ist es gewiß der aus dem Dorf überkommenen, in mancher Hinsicht intakten paternalistischen Struktur der griechischen Gesellschaft zuzuschreiben, daß trotz des explosionsartigen Wachstums der Städte nirgendwo Slums entstanden sind. Es gibt Dürftigkeit in Griechenland, gewiß, nicht aber den Anblick von Armut und Elendigkeit. Hier wirkt ein »soziales Netz«, das nicht vom Staat gespannt worden ist, sondern von den Menschen in Selbstverpflichtung. Wenn man diesen Vorzug griechischer Lebensweise erkennt, kann man die Verluste ermessen, die anderswo schon vor langer Zeit eingetreten sind.

Eindrücke dieser Art relativieren dann auch manche Züge ruppiger Selbstsucht, denen man sich in der Hektik griechischen städtischen Alltagslebens oft genug gegenübersieht: es geht eben immer um mehr als um das Lebensglück nur eines einzigen. Und ohnedies ist klar, daß in sich wandelnden Verhältnissen sichere Plätze erst erobert sein wollen. Das Leben in den Städten ist hart: da verwundert es wenig, daß allmählich unter Griechen allenthalben die dörfliche Vergangenheit zum Gegenstand der Nostalgie und wehmütigen Verklärung geworden ist. Das aber wiederum ist ein sicheres Zeichen dafür, daß die Bindungen an das alte Leben nun nach und nach schwinden, daß erlebte Erinnerung an die abgelebte Vergangenheit verblaßt. Denn was gibt es in Wahrheit zu verklären an einem Leben, das so hart war, daß die Menschen aus ihm geflohen sind? Aber bekanntlich vergessen die Menschen ziemlich schnell, in Griechenland wie überall.

Es gibt keinen Weg mehr zurück. Alle Wege führen nach Athen und seinesgleichen. Und wenn es den Griechen aus dem harten Alltag im Dickicht der Städte zum Ort seines Herkommens drängt, heim zu den Wurzeln – heim ins Idyll, das Pittoreske, in die Postkarte –, dann ist er immer häufiger dort schon so fremd daheim wie am selben Ort zur selben Zeit die Fremden aus aller Herren Länder.

Selten genug ist der Anblick althergebrachten, kleinbäuerlichen Dreschens geworden: wenn die Ähren auf dem kreisrunden Dreschplatz, dem »alóni«, ausgebreitet und die Körner unter dem Druck des schweren Holzschlittens herausgepreßt werden.
Auf Lesbos.

Südlich von Areópolis – »Stadt des (Kriegsgottes) Ares« – beginnt die »innere« Mani, der gänzlich wilde und unwirtliche Teil des peloponnesischen Ausläufers. Diese Landschaft pathetisch zu nennen ist eine Möglichkeit, eine andere ist, sie als menschenfeindlich im Übermaß zu erkennen: ein beinernes Land.

Pomakischer Wasserträger: rund zwanzigtausend Pomaken leben nahe der bulgarischen Grenze, eine islamisierte Volksgruppe slawo-bulgarischer Abkunft (wenngleich die Griechen einen Thrakerstamm der Antike zu erkennen glauben).

Bei der Pflanzung: Tabakbau ist der traditionelle landwirtschaftliche Erwerb der Pomaken. Ihr Kontakt zur griechischen Umgebung, und zur türkischen auch, beschränkt sich auf den Markt. Die Pomaken leben weitgehend isoliert in ihren Dörfern (vor allem im Bezirk Xánthi), wie auch – als Händler und Handwerker – in je eigenen Quartieren der säuberlich unterteilten griechisch-türkisch-pomakischen Städte Thrakiens.

Netzflicker in Agia Kiriakí. Der Hafenort des Bergdorfes Tríkkeri
am Südende der Pilion-Halbinsel unterhält eine große Kutterflotte,
die die Ägäis befischt. Das alte thessalische Seefahrerdorf
hat erst vor wenigen Jahren seiner Abgeschiedenheit entsagt.

Eines der Traumbilder vom weiß-blauen Zweiklang griechischer Insel-Seligkeit ist für immer mit dem aufgetürmten Kuppelbau der Paraportianí – der Kirche vor dem Tor – im Hauptort von Mykonos besetzt.

Leichtgewichtig ist die gängige Behauptung, die griechische Gesellschaft sei patriarchalisch dominiert. Den Wandel im verstädterten Griechenland läßt das Pauschalurteil ohnehin außer acht; aber es beschreibt auch allenfalls die Oberfläche der Gegebenheit noch vor dem Wandel. Die Frauen der älteren Generation knüpften im Binnenraum der Familien ihr Netzwerk stiller Gegenmacht, das alle band.

Aus dem Schlaf der Jahrhunderte ist Ios, die Schöne am Rand der Kykladen, zugleich mit Mykonos noch am heftigsten aufgerüttelt worden. In den Sommermonaten wird die stille Chora von Ios täglich von einem Vielfachen ihrer zwölfhundert Bewohner heimgesucht.

Wo sich die Spreu vom Weizen sondert: bei Axós auf Kreta worfeln Bäuerinnen das gedroschene Korn. Axós am Fuß des Ida-Bergs gehört zu jenen Dörfern, die dort dem überkommenen Leben immer noch nahe stehen.

Ia ist eines der Dörfer, die sich Unvergleichlichkeit ihrer Lage – in aller Welt – rühmen können: es hockt hoch am Kraterrand, den der Vulkanausbruch um 1450 v. Chr. von der Insel Santorin hat stehen lassen. Das Leben dort ist immer noch ein »Tanz auf dem Vulkan«; zuletzt 1950 spie der meerüberflutete Krater heißes Neuland, und 1956 zerstörte ein Erdbeben die Inseldörfer.

BEACH
AMOUDI

Das Käppchen, die Weste, die kniekurze Beutelhose – die vraka – sind über Jahrhunderte die Tracht der Männer auf den Inseln der Ägäis gewesen. Nun sieht man noch gelegentlich einen Alten so angetan, der sich nicht ändern mag. Auf Ios.

Die griechische Rede ist von ausgeprägter Gestik begleitet,
von einer Körpersprache, die sich notwendig mit dem gesprochenen
Wort verbindet und es ergänzt:
»Jassu!« heißt der Gruß, »auf dein Wohlergehen!«

Das Land der Griechen mit dem Rucksack suchen

Die vlachischen Hirten im Pindos-Gebirge ziehen ungestört vom sommerlichen Betrieb im Ferienland ihrer Wege: das Meer ist weit entfernt, und auch im August sind die Nächte kalt auf den Höhen der Zweitausender.

Natürlich steht die Bildungsreise am Anfang aller touristischen Traditionen Griechenlands. Doch ist dieser Traditionsstrang, ebenso natürlich, bei weitem nicht so dicht geknüpft wie jener Italiens, dem klassischen Ziel der Menschenbildung dienenden Touren, die Adel und Bildungsbürger seit dem 18. Jahrhundert in Scharen gen Süden führte. »Das Land der Griechen mit der Seele suchend«, läßt Goethe seine Iphigenie sagen, er selbst doch unternahm nur seine »Italiänische Reise«. Und Johann Joachim Winckelmann, der vor über zweihundert Jahren das Wesen der Kunst griechischer Antike als Prinzip von »edler Einfalt, stiller Größe« deutete, war auch niemals dort.
Denn Griechenland war eben eine barbarisch unzivilisierte, orientalische Gegend in jenen Jahren, und zudem lagen die meisten der dem Bildungsbedürfnis dienenden Monumente noch in der Erde begraben, oder sie standen an unentdecktem Ort. So wurde, zum Beispiel, der Tempel von Bassae in den peloponnesischen Bergen zwar 1765 von einem Franzosen namens Bocher für die Welt entdeckt, doch wurde Bocher am Ort seiner Entdeckung sogleich ermordet. Und es dauerte sechsundvierzig Jahre bis zur nächsten Entdeckung, die schließlich Kunde vom Tempel nach Norden brachte. So unbekannt war das Land, in dem einst Europa begann, daß noch bis nach der Mitte des vergangenen Jahrhunderts ein jeder, der dorthin reiste, leichthin ein Buch über diese Reise veröffentlichen konnte (was hundertfach geschah). Wie nach einer Expedition zu den Quellen des Nils.
Bildungsziel Griechenland: das hat langsam, mühselig begonnen und sich erst in diesem Jahrhundert zu gewisser Blüte entwickelt. Noch Mitte der sechziger Jahre war eine Reise nach Griechenland immer das, was man eine Studienfahrt nennt, eine Reise zu diversen alten Steinen. Das ist heute vorbei. Griechenland ist ein begehrtes Ziel des massenhaften Badetourismus geworden. Und noch in der ersten Hälfte dieser neunziger Jahre wird die jährliche Zahl der Griechenland-Touristen wohl die Zehn-Millionen-Marke erreichen – damit die Zahl der Einwohner Griechenlands.
Die Geschwindigkeit des Wandels, ungehemmt und in ununterbrochenem Anstieg seit Mitte der siebziger Jahre, vom beschaulichen Reiseziel zum Freizeit-Konsum-

gut ist ohne Vergleich. Wie ebenso der Zugriff dieses Wandels auf ein ganzes Land, in dem mittlerweile der Lebenserwerb mindestens jedes zehnten Bewohners vom Tourismus abhängt. Und der Wandel, der mit dem Tourismus auf Griechenland eingedrungen ist, hat dort tiefe Veränderungen in der Gesellschaft verursacht. In einer Gesellschaft, die ohne Zwischenschritt aus ländlicher Organisationsform zur postindustriellen Dienstleistung übergegangen ist. Und so taugt vielerorts die besondere, die gerühmte griechische Gastfreundschaft mittlerweile nur noch zum Erinnerungsstück in einem Museum der Sentimentalität.

Doch warum sollte gerade in Griechenland-Urlaubsland (das sich doch der Armut kaum entwindet, wenn es den Reichen die Fleischtöpfe aufträgt) jede Leistung nicht entgolten werden, wie es anderswo auch geschieht? Schmarotzer kommen ohnehin genug: Stichwort »Rucksack-Tourismus«. Eine Pest sei das, heißt es im Land. Und diesem bitteren, über die Jahre immer erbitterter vorgebrachten Urteil ist bei genauem Hinsehen nichts hinzuzufügen.

Es ist schon eine Lächerlichkeit an sich, wenn sich allsommerlich Hunderttausende junger Leute, Nonkonformismus wähnend, die immergleichen angeblich alternativen Reiseführer unter den Arm klemmen, herdenhaft aus den Schiffen auf die Inseln quellen und im Gedränge den nächstbesten Strand zum Tag- und Nachtlager belegen. Es wird ärgerlich, und ist beschämend zugleich, wenn diese Art Urlauber mit ihrem angemaßten Gastrecht ihren Unrat wo immer verstreuen oder Obstgärten plündern oder in betrunkenen Horden durch Dorfstraßen ziehen. Auf den kykladischen Inseln vor allem – zumal auf Naxos, Paros, Ios, Mykonos –, aber an vielen anderen Orten an den griechischen Küsten auch, ist das Ärgernis an jedem Sommertag zu besichtigen.

Doch nicht wegen dieser Plage, wegen dieser täppischen Besatzungsmacht auf Zeit, ist von einer Reise auf die Inseln während der Hauptsaison, in den Monaten Juli und August, dringend abzuraten. Es ist die Massenhaftigkeit schlechthin, die Reisen in und an das griechische Meer während des Hochsommers unerfreulich macht. Die Inseln scheinen wie vom Tourismus zugedeckt, nur weitab vom Wasser – wenn das die Größe einer Insel denn zuläßt – zeigen sie in dieser Zeit noch eigenes Gesicht. Da ballen sich in den üblichen Ferienmonaten ja nicht nur Besucher aus dem Ausland zu Millionen an griechischen Stränden, an den Stränden der Inseln wie kaum weniger an denen des Festlands. Binnen weniger Jahre ist zusätzlich ein neuer griechischer Binnentourismus entstanden, der sommers ans Meer drängt. Heute fahren viele Griechen zur Ferienzeit nicht mehr, wie es Gewohnheit war, aus ihren großen Städten in das Dorf zurück, ins Gebirge, das sie einst verlassen haben, sondern sie tun's den Fremden gleich.

Im Hochsommer ist Griechenland, überall wo Meerwasser ist, besetzt, ist ausgebucht. Das ist zwar in Spanien, Frankreich und Italien nicht anders, aber in Griechenland, im übervollen Haus, schafft die Überfülle in der Sommerhitze eine Treibhaus- und Tollhausatmosphäre, die Wirrwarr und Chaos gebiert. Für einige kurze Wochen ist von allem zuwenig vorhanden: zu wenige Hotelbetten, zu wenige Restaurantplätze, zu wenige Fährschiffe, zu wenig Wasser und dergleichen mehr. Zu wenig Gelassenheit. Und zu viele Touristen, unter denen der Kampf ums Urlaubs-Dasein entbrennt. Im Hochsommer ist Griechenland, überall wo Meerwasser ist, Tummelplatz für touristisches Berserkertum und ein völlig unmögliches Reiseland.

Nur gut, daß der Sturm von kurzer Dauer ist. Zwar stellt sich – vorher, nachher – nicht Idylle ein, von der manche bunten Prospekte unverdrossen künden, jedoch die Normalität unserer Tage. Eine Normalität, die in allen Veränderungen ein unverwechselbar griechisches Gesicht bewahrt hat. Für Reisen nach Griechenland, Reisen zu Menschen und Landschaften, gibt es keinen Ersatz. Griechenland ist unvergleichlich (wenn denn mehr ins Auge genommen wird als ein günstiger Badeplatz – aber dann manchmal auch). Unvergleichlich die Landschaften im Wechsel, unver-

gleichlich das Menschenleben im Wechsel, das sich darin eigenartig entfaltet.
Zum Beispiel im Pilion-Gebirge. Osterzeit. Wenn das Osterfest, das größte Fest im dicht belegten griechischen Festtagskalender, in das späte Frühjahr fällt, ist auch der Pilion schon in Wärme getaucht. Gewunden und wie ein Echsenbuckel liegt die bergige Halbinsel im nördlichen Ägäischen Meer. Nachts schlagen Nachtigallen im dichten Gesträuch der Dörfer an den Hängen. Über Hunderte Meter dringt in die Höhe der Hausterrassen und Gärten das Gesumm kurzer Wellenschläge von den Stränden des Pagasitischen Golfs durch die Nachtstille empor. Der Golf ist von Lichtpunkten gesprenkelt, wenn bei ruhigem Wetter die Fischer unter Gaslicht auf der Jagd sind. Noch sind die Nächte kühl; inmitten der Taverne am Dorfplatz, den Platanen überdachen, steht noch der eiserne Ofen für Wintertage. Es ist feucht in den piliotischen Häusern, in den jahrhundertealten Palästen und Festungen reicher Seidenspinner, Gerber und Handelsherren einer versunkenen Epoche. An der ägäischen Seite des Halbinselbergs schlägt das Meer alle Tage hoch über die breiten Sände, Kieselstrände und Felsen.
In der Karwoche füllen sich die Dörfer, halbverlassen, für wenige Tage wieder mit Leben; die verstreuten Familien treffen am Ort des Ursprungs zusammen. Am Karfreitag zieht die Trauerprozession mit dem Epitaph durchs Dorf. Knallkörper krachen, am Karsamstag um Mitternacht, nach dem Ruf des Priesters: »Christus ist auferstanden!« Und am Ostermontag, zur Mittagszeit, knattern Gewehrschüsse durch das Dorf: sobald die Gewölbeöfen der Backhäuser von ihrem Lehmverschluß entsiegelt und die Tiegel mit Lammfleisch und Zicklein hervorgezogen werden. Das große Fest beginnt.
Zum Beispiel Paros. Im Winter, noch vor den Wochen der starken Regen und kräftigen Stürme, die zur Januarmitte beginnen und den Februar lang anhalten können. Brennend prallt die Sonne zur Mittagszeit gegen die weißen Mauern des verlassenen Johannesklosters an der Bucht von Náoussa. Im Hafenviereck des Fischerdorfs ein buntbemaltes Holzboot neben dem anderen. Nur ein paar verblichene Schilder mit Namen von Diskotheken und Boutiquen erinnern an sommerliches Getöse. Die Molen, die Straßen am Hafen, sind mit braunen und gelben Netzen bedeckt, zum Trocknen ausgelegt. In den krummen weißen Gassen des Orts halten ein paar Kramläden geöffnet, Bäcker, Fleischer. Im Kaffeehaus am Hafen sitzen die Alten, wenn morgens die Fischer auf ihren Kuttern und Barken den Fang aus den Netzen klauben. Draußen vor dem Dorf ackern Bauern in Olivenhainen und Weingärten. Der Wein der letzten Ernte, der altberühmte parische Wein, ist schon zur Ruhe gekommen und wird abends in der Hafentaverne ausgeschenkt. Dort, über fünf Tischchen, unter der niederen Tonnendecke des Kellerraums, steht jeden Abend blau der Rauch von gebratenem, gebackenem, geröstetem Fisch. Jeden Abend dieselben Gäste, jeden Abend Gesänge.

Zum Beispiel Kastoriá, mitten im Sommer. Kaum einen Fremden verschlägt es nach Kastoriá, selbst im Sommer nicht, in die Kleinstadt auf einer Halbinsel im See, mitten im makedonischen Gebirge. Reiher ziehen über die glatte, runde Wasserfläche, unter der Hütte des Fischhändlers am Ufer hängt ein riesiger Wels im Netz. Froschgedröhn übertönt jeden Laut. Alt ist die Stadt, einst eine Garnison auf der römischen Straße über Land und Meer von Brindisi nach Konstantinopel. Reich ist die kleine Stadt, Stadt der Kürschner, Welthauptstadt des Gewerbes: jedes Haus eine Werkstatt, bis unters Dach lagern die Pelze. Kastoriá widerspiegelt – im Abglanz – Byzanz, das tausendjährige griechische Reich, jene Jahrhunderte, als die Metropole am Bosporus die glänzendste Stadt des Erdballs war. Nirgendwo sonst in Griechenland ist die byzantinische Erinnerung so greifbar wie in Kastoriá, der Stadt im stillen See, voller alter und uralter Kirchen und Kapellen, von deren Wänden melancholische Heilige in die Ewigkeit blicken.
Zum Beispiel Chios in Septembertagen. Die Bauern in den Mastix-Dörfern des Inselsüdens lesen die letzten Tropfen des geronnenen Mastix-Harzes unter den wie verkrüppelten Bäumchen auf. Die Hitze ist groß, schwer lastet der Atem Anatoliens über der Insel. Ma-

Das Dorf Olympos auf Kárpathos hat lange Zeiten unentdeckt in seinem Bergversteck gelegen, den alten Bräuchen unverbrüchlich anvertraut. Kein Wunder, daß Olympos zum Geheimtip avancierte, den mittlerweile jeder kennt.

stix ist ein wunderlicher Stoff: als Kaugummi geeignet, als Klebstoff, als Grundlage für Zahncremes, als Aroma für Gebäck und Schnäpse, als Beimischung zu Kosmetika ebenso wie als Festiger von Operationszwirn, Flugzeugreifen und Raumschiffhüllen. Mastix ist ein chiotisches Lebenselixier im Sinne des Wortes: als 1822 die Osmanen nach dem griechischen Aufstand dreißigtausend Einwohner der Insel ermordeten oder versklavten, verschonten sie des kostbaren Stoffs wegen die Mastix-Bauern und ihre Familien. Denn nur in zwanzig Dörfern auf Chios vertropft das Mastix-Bäumchen sein Harz rein und fein wie nirgends sonst zur Erde nieder – überall sonst auf der Welt klebt das Harz am Geäst. Ein Naturwunder.

Und wie ein Wunder aus fernen Tagen muten heute die Mastix-Dörfer an. Das sind kleine Festungen, von den Genuesen – vor den Türken Herren der Insel – erbaut. Der Eintritt durch eines der Tore in das Wehrmauer-Fünfeck des Dorfs Mestá ist ein Zeitsprung zurück ins Mittelalter. Häuser stapeln sich über Gassentunneln auf, die den mächtigen Fluchtturm in der Dorfmitte umrunden. In den Häusern: kühle Geborgenheit. Und in der Dunkelheit brodelt vom Dorfplatz das Murmeln der Leute von Mestá gegen die Mauern. Und dann spielt einer Dudelsack auf einer Schweinsblase und ein anderer schlägt die Trommel dazu.

Zum Beispiel Athen, zu jeder Jahreszeit. Nein, der Moloch ist nicht schönzureden. Aber daß eine Millionen-Stadt, abseits des touristischen Leidensweges rund um die Akropolis, voller Geheimnisse steckt, liegt auf der Hand. Schon ein paar Schritte abseits der ausgetretenen Pfade ist Platz für Entdeckungsreisen. Über das unbekannte Athen wären heute wieder Bücher zu schreiben – wie einst, als Griechenland wilder Orient war.

Mit 2917 Meter in seiner höchsten Spitze ist das vielgipfelige Massiv des Olymps, an der Grenze zwischen Makedonien und Thessalien, Griechenlands mächtigster Gebirgsstock. In seine Wolken gehüllt hausten nach dem Glauben der Alten die Götter, die griechische Zwölf-Götter-Schar unter der Herrschaft des Zeus.

Normalem griechischen Urlaubserleben bleibt
das Gebirge weitgehend unbekannt. Und viel mehr noch
zur winterlichen Regenzeit –
ein graues Licht. Bei Kastoriá in Nordwest-Makedonien.

Die Inseln sind Gebirgsland, über 1700 Meter steigt Euböa aus dem Meer. Wenn der Winter die Höhen mit Schnee bedeckt, ziehen die Herden hinunter, herab bis an die warme See. Bei Asmíni im Inselnorden.

Mühlen, dem Wind ausgesetzt und mit tuchbespannten Flügeln,
sind Merkzeichen der griechischen Inseln. Heute stehen
alle still und viele von ihnen verfallen wie die Mühle bei Neápolis
auf der Insel Kreta.

Der »tzáki«, der offene Kamin,
ist im griechischen Bewußtsein zum Symbol verlorener dörflicher
Geborgenheit geworden. In den Häusern mancher
Alten brennt er noch. Bei Karpeníssi, Zentral-Griechenland.

Als Erinnerungsstücke, dem romantischen Flair der Inseln beihelfend, sind einige der kykladischen Mühlen, die in windiger Höhe über Ios' Hauptdorf stehen,
erhalten geblieben. Auch dort wird nicht mehr Korn gemahlen.

Wenn ein Ölbaum Hunderte Jahre gewachsen ist, Sturm, Frost und Trockenheit überstanden hat, gewinnt er ein Gesicht, das würdig genannt werden mag, das Gesicht eines Unüberwindlichen. In der Messará-Ebene auf Kreta.

Vom schwierigen Leben erzählt das Gesicht der Bäuerin aus Ithaka: von der Feldarbeit, von der Sorge um die Kinder und vielleicht auch von Jahren des Wartens auf den Mann, der übers Meer gefahren war.

Im Schatten von Jahrtausenden mag es dem Fischer von der Insel Lefkás und seinesgleichen überall im griechischen Meer als Episode erscheinen, daß sich in diesen Zeiten die Netze nicht füllen. Die Hoffnung ist ihm immer Freund.

Register

Kursiv gesetzte Ziffern beziehen sich auf Abbildungen bzw. Legenden

Genehmigte Lizenzausgabe für Bechtermünz Verlag im Weltbild Verlag GmbH, Augsburg 1997

Karte: Manfred Sehring, Dreieich-Offenthal
Umschlagmotiv: IFA Bilderteam – Aberham: „Kykladen, Insel Sifnos, Kirche Panagia Poulati"
Umschlaggestaltung: Werbeagentur Eisele & Bulach, Augsburg
Gesamtherstellung: Offizin Andersen Nexö – ein Betrieb der INTERDRUCK Graphischer Großbetrieb GmbH
Printed in Germany
ISBN 3-86047-627-0

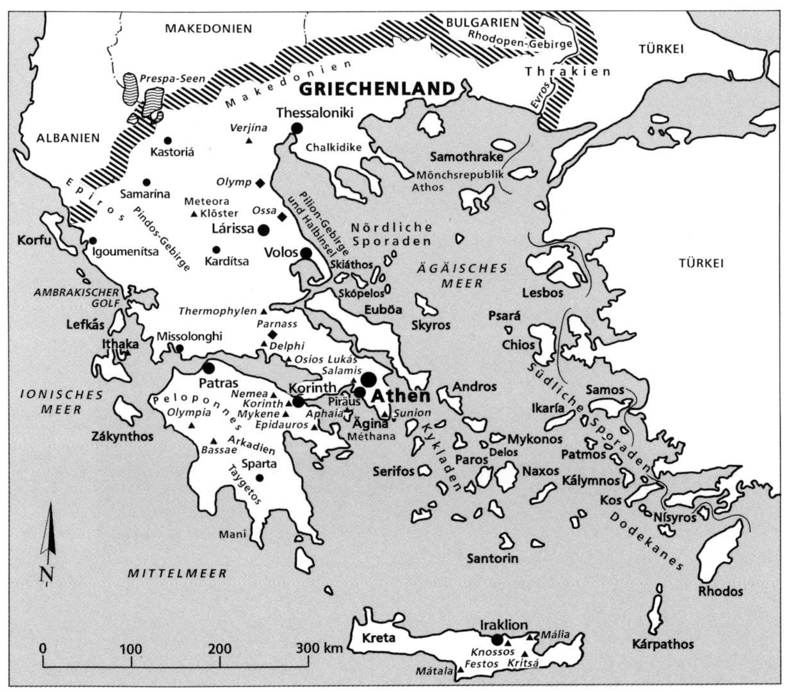